EL LIBRO ESENCIAL

Diccionario esencial de los sueños

María Quiona Giménez

*Una pequeña ventana
a tu inmensidad interior*

OCEANO AMBAR

© María Quiona Giménez, 1999
© Ilustración de portada: Dave Cutler/Illustration Stock

❖❖❖❖❖

© Océano Grupo Editorial, S.A., 2000
Milanesat, 21-23 – EDIFICIO OCÉANO
08017 Barcelona (España)
Tel.: 93 280 20 20* - Fax: 93 203 17 91
www.oceano.com

❖❖❖❖❖

*Derechos exclusivos de edición en español
para todos los países del mundo.*

❖❖❖

*Queda rigurosamente prohibida, sin la autorización escrita de los titulares del copyright,
bajo las sanciones establecidas en las leyes, la reproducción parcial o total de esta obra por
cualquier medio o procedimiento, comprendidos la reprografía y el tratamiento informático,
así como la distribución de ejemplares mediante alquiler o préstamo público.*

ISBN: 84-494-1664-7
Depósito Legal: B-15768-XLIII
Impreso en España – *Printed in Spain*

00172030

Índice

Bienvenidos al mundo de los sueños ... 7
¿Sabías que...? ... 9
Creencias en la antigüedad ... 13
Dormir y soñar ... 21
Fisiología del sueño ... 25
Interpretaciones modernas ... 33
Temática de los sueños ... 39
Tipología ... 43
Cómo recordarlos ... 51
DICCIONARIO DE SUEÑOS ... 61
Acerca de los sueños ... 181
Bibliografía ... 187

Bienvenidos al mundo de los sueños

Este pequeño libro está pensado para aquellos que sienten fascinación por los sueños y quieren explorar sus insólitos paisajes.

A la mayoría de las personas les cuesta recordar los sueños, ya que son escurridizos por naturaleza y, por intensos que sean, suelen desvanecerse a la luz del día.

Comprender los sueños tampoco es tarea fácil. En los episodios que soñamos se superponen el pasado, el presente inmediato y, por qué no, también el futuro.

Ante todo, hay que tener en cuenta que la interpretación de los sueños no es una ciencia exacta. Un mismo sueño –de existir dos sueños iguales– tiene una lectura totalmente distinta según la persona y el momento vital de ésta. Al fin y al cabo, las escenas que soñamos no son más que guías, faros en medio de la noche que sugieren nuevos rumbos.

¿De qué materia están hechos los sueños? Básicamente, de nuestras vivencias, deseos y fantasías. Todo lo que aparece en ellos es parte de nosotros, desde los escenarios a los personajes que transitan por ellos. Merece la pena estudiar sus símbolos para rescatar los mensajes ocultos en sus profundas aguas. De este modo aprenderemos muchas cosas de nosotros mismos y dispondremos de un inestimable consejero: nuestro inconsciente.

El *Diccionario esencial de los sueños* acompaña al viajero de la noche en su travesía por un mundo mágico y desconcertante: uno mismo.

Sabías que...

- Por término medio pasamos 10 años de nuestra vida soñando.

- Aunque no lo recordemos, todos soñamos al menos cuatro o cinco veces cada noche.

- Olvidamos cerca del 95% de nuestros sueños.

- El alcohol, los somníferos y otras drogas merman la capacidad de soñar.

- Los mamíferos como el perro y el gato también sueñan.

- El sonambulismo no tiene nada que ver con los sueños, ya que tiene lugar fuera de la fase REM.

- Los sueños son más vivos durante el embarazo debido a los cambios hormonales.

- La obra de Freud *La interpretación de los sueños* sólo vendió 351 ejemplares durante los primeros seis años después de su publicación.

- Sigmund Freud dijo en una ocasión que su sueño favorito era el de estar desnudo en medio de una multitud de desconocidos.

- Es muy poco frecuente oír música en los sueños, por lo que, si sucede, es señal de que el mensaje que nos llega es muy importante.

- Las sensaciones físicas reales se incorporan a los sueños, por lo que si entra frío en la habitación, podemos soñar que estamos en medio de una tormenta.

- La fiebre, las alergias, una indigestión o interrumpir una medicación pueden dar lugar a pesadillas.

- Los monjes budistas creen que los sueños son plácidos o amenazadores dependiendo del lado del que la persona duerme.

- Un individuo cambia de postura al menos ocho veces durante el más plácido de los sueños.

Sabías que...

- No todas las personas sueñan en color, sino sólo aquellas especialmente sensibles a los colores en la vigilia.

- Abraham Lincoln vio su propia muerte en un sueño, unos días antes de su asesinato en 1865.

- Coleridge escuchó en un sueño su exquisito poema *Kubla Khan*, el cual quedó inconcluso al interrumpirle una visita mientras lo anotaba.

- R.L. Stevenson veía en sus sueños un teatro de «pequeños seres» que representaban las obras que él luego plasmaba en el papel.

- Descartes tuvo tres sueños en una misma noche que cambiaron el curso de su pensamiento.

Creencias en la antigüedad

Los babilonios

En Mesopotamia, los babilonios creían que los sueños positivos eran enviados por los dioses y los negativos por los demonios. Los sacerdotes de la diosa de los sueños, Mamu, eran los encargados de impedir que los sueños negativos se hicieran realidad. Esta concepción pervivió en otras culturas que idearon métodos para ahuyentar los malos sueños.

Los asirios

Más tarde, los conquistadores de los babilonios, los asirios, creyeron que los sueños eran presagios. Consideraban que si una persona tenía un sueño negativo, debía intentar comprender la advertencia que le era dada para poder así rechazar a los malos espíritus. En una tablilla de arcilla encontrada en Nineveth, la cual se remonta al reinado de Ashurbanipal (669–626 d.C.), está escrito que si un hombre sueña repetidamente que vuela, esto significa que todos sus conocimientos se perderán.

Los egipcios

Ya en el 2000 a.C., los egipcios escribían sus sueños en papiros. Al igual que los asirios, intentaron comprender su significado oculto. No obstante, creían que los sueños se basaban en aspectos de la realidad que la mente consciente no puede apreciar.

En una colección de anotaciones del Museo Británico de Londres escrita alrededor del 1350 a.C., se diferencian los sueños positivos de los negativos y se incluyen conjuros para prevenir los efectos de estos últimos. Estas anotaciones establecían tres clases de sueños: los oráculos que contenían mensajes de los propios dioses, los que anunciaban algún peligro o enfermedad, y los sueños que tenían lugar en el transcurso de ceremonias.

Los griegos

Según una leyenda griega, el dios Hipnos hacía dormir a los humanos tocándolos con una varita mágica o abanicándoles con sus alas. Su hijo Morfeo era el encargado de transportar los sueños, ayudado por Hermes el mensajero. Morfeo también enviaba advertencias y profecías a aquellos que dormían en santuarios y templos.

Los antiguos griegos fundaron un buen número de templos para inducir el sueño. En el Santuario de Delfos y en el Templo de Epidauro todavía se conservan inscripciones atestiguando que las advertencias de los sueños habían contribuido a mejorar la salud.

Los griegos consideraban que las personas que aparecían en los sueños eran espíritus que vivían cerca del mundo de los muertos. Homero, autor de *La Ilíada* y *La Odisea*, hablaba de dos puertas por las que estos espíritus entraban en los sueños: la puerta de los sueños «verdaderos» (aquellos que sucedían) y la de los falsos sueños.

Para los pitagóricos, al dormir, el alma se liberaba de la cárcel del cuerpo y accedía a niveles superiores. Más tarde, este enfoque fue adoptado en el Renacimiento por gnósticos y ocultistas.

En cambio, Aristóteles creía que los sueños que pronosticaban enfermedades podían estar causados por el reconocimiento inconsciente de los síntomas de la enfermedad por parte del sujeto. También creía que la persona que tenía un sueño podía provocar, inconscientemente, que éste se cumpliese.

Los romanos

Los romanos estaban convencidos de que era necesario averiguar los deseos de los dioses. El emperador Augusto ordenó que cualquier persona que soñara con el estado debía explicarlo en público.

En el siglo II a.C., Artemidoro fue uno de los iniciadores del estudio analítico de los sueños, recogiendo aproximadamente 3.000 en su obra *Oneiro Critica* (que significa «intérprete de sueños») que serviría a muchos autores como referencia hasta bien entrado el siglo XVIII. Artemidoro recopiló todos los conocimientos de su época sobre la interpretación de los sueños, basándose en las tradiciones griega, asiria y egipcia.

Los hebreos

Los hebreos mantuvieron la distinción entre sueños positivos enviados por Dios (un único Dios, dado que eran monoteístas) y sueños negativos provocados por espíritus malignos. Para los hebreos, los sueños formaban parte de la religión, razón por la que encontramos numerosas referencias a sueños sagrados e incluso a los ritos necesarios para que éstos se produzcan.

Creencias en la antigüedad

El profeta Samuel, que reunió a los israelitas tras su derrota contra los filisteos, tenía por costumbre dormir en el Templo de Shiloh para recibir así la palabra del Señor. También el rey Salomón (970-930 a.C.), después de subir a lo alto de una montaña para ofrecer un sacrificio, escuchó el mensaje de Dios en un sueño.

En uno de los sueños bíblicos más conocidos, Jacob, el patriarca hebreo, vio en sueños una escalera que se alzaba desde la tierra al cielo y por la que ascendían y descendían ángeles. En la cúspide de la escalera se encontraba Dios, quien le habló y le prometió que la tierra de Israel pertenecería para siempre al pueblo judío.

Otro sueño bíblico necesitó de un intérprete. Cuando el faraón egipcio soñó con siete vacas gordas y siete vacas flacas, convocó a todos los magos de Egipto, pero ninguno supo adivinar su significado. El faraón mandó llamar a José, conocido por su capacidad para interpretar los sueños, quien le respondió que vendrían siete años de prosperidad seguidos de siete años de hambruna.

En otras culturas

En muchas culturas, los sueños se consideraban un regalo divino, por lo que su interpretación era importante.

Los emperadores japoneses, por ejemplo, buscaban la solución a sus problemas durmiendo en el Templo Shinto de Usa, situado en una isla del sur llamada Kyushu. Asimismo, en el palacio del emperador había una habitación dedicada al sueño, con una cama de piedra pulimentada.

También en la antigua India se creía que los sueños tenían mucha importancia, y las personas que poseían la capacidad de interpretarlos estaban muy valoradas. El *Artharva-Veda*, escrito en el 1000 a.C., incluye interpretaciones de sueños, así como algunos sueños premonitorios. El libro afirma que según el momento en el que se produce, lo soñado sucederá con mayor rapidez. Por tanto, un sueño que tenga lugar poco antes del alba se hará realidad antes que otro soñado a primera hora de la noche.

Para los musulmanes, los sueños que no procedían de Dios eran falsos. En el *Corán* se aconsejan una serie de rituales para tener buenos sueños y ahuyentar los malos. Con el tiempo, los musulmanes dejaron de relacionar la interpretación de los sueños con la religión y, en cambio, la asociaron a la astrología.

Por su parte, muchas tribus de indios norteamericanos consideraban que los sueños revelan los deseos ocultos del alma, por lo que elegían como hechicero a la persona que tenía los sueños más vívidos. Los indios hurones creían que el alma expresaba sus deseos a través de los sueños y los

Creencias en la antigüedad

iroquíes intentaban convertir esos deseos en realidad mediante representaciones de los mismos.

Una de las creencias más elaboradas acerca del mundo onírico es la de los aborígenes de Australia. En el centro de su mitología sobre la creación está el denominado «tiempo del sueño». Según el mito, existió una época al principio de todos los tiempos en la que los espíritus que dormían bajo la tierra salieron a la superficie y vagaron por el mundo, cantando el nombre de lo que encontraban a su paso y dando forma al paisaje. Estos espíritus crearon los humanos y les enseñaron el arte de la supervivencia. Cuando su obra estuvo concluida, los espíritus se sumergieron de nuevo bajo la tierra y durmieron para siempre más.

En las denominadas «culturas primitivas» que persisten en la actualidad, se hallan los sistemas más complejos por lo que respecta a la manipulación de sueños. Los senoi, un pueblo malayo, han conseguido paliar la criminalidad, las guerras y las enfermedades –tanto físicas como mentales– gracias al nivel de madurez emocional y psicológica que han alcanzado con sus técnicas de control de los sueños. Cada mañana, los miembros de la familia se reúnen y hablan de lo que han soñado la noche anterior. Hecho esto, todas las familias de la tribu –presididas por el brujo– se reúnen en consejo y analizan los sueños de todos para llegar a un conocimiento superior.

Dormir y soñar

A pesar de todas las teorías que intentan explicar por qué soñamos –e incluso por qué dormimos– todavía no existe una respuesta científica clara para ninguno de estos dos fenómenos.

En cualquier caso, pasamos buena parte de nuestra vida durmiendo. Si hacemos una media de ocho horas diarias, llegamos a la conclusión que dormimos una tercera parte de nuestra vida. Es decir, a los setenta años habremos estado veinte años durmiendo. No obstante, ese tiempo aparentemente perdido nos es imprescindible para recuperarnos del desgaste de la vigilia y continuar viviendo. En todos los estudios realizados hasta la fecha, se ha

Sueño y supervivencia

Una hipótesis evolucionista afirma que, debido a que cuando dormimos somos más vulnerables, el sueño hace que parezcamos cadáveres y nos convierte, por lo tanto, en un manjar menos suculento a ojos de nuestros posibles depredadores nocturnos.

demostrado que la fase REM es vital para preservar la salud. La privación de esta fase del sueño puede producir temblor de manos, pérdida de memoria y alucinaciones.

¿Cuánto dormimos?

Una persona tiene a lo largo de su vida un promedio de 300.000 sueños. A medida que envejecemos, tanto el tiempo que pasamos durmiendo como en el que soñamos van decreciendo progresivamente.

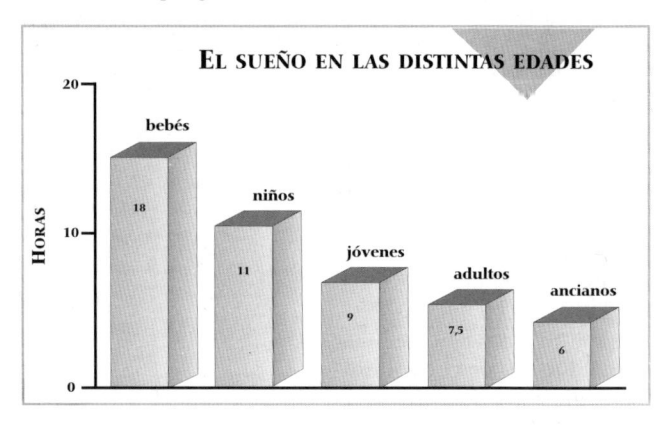

EL SUEÑO EN LAS DISTINTAS EDADES

HORAS

- bebés: 18
- niños: 11
- jóvenes: 9
- adultos: 7,5
- ancianos: 6

Dormir y soñar

Los recién nacidos duermen durante casi todo el día, alternando horas de sueño con pequeños despertares. Al año de vida, duermen menos veces pero durante más tiempo: tienen ciclos de 90 minutos de sueño seguidos por otros 90 minutos de vigilia. Gradualmente, el niño dormirá por la noche y apenas durante el día. A los 9 años, la mayoría necesita entre 9 y 12 horas diarias de sueño.

El promedio para un adulto es de 7 a 8 horas y media. Pero a partir de los 70 años, se empieza a volver a las fases de sueño de la infancia, de forma que se duerme menos horas seguidas.

Por otra parte, el tiempo que pasamos soñando también varía al envejecer. Un recién nacido sueña durante más de la mitad del tiempo que duerme, mientras que una persona de 70 años sólo sueña un 15% de ese tiempo y duerme muchas menos horas.

Otra cuestión distinta, sobre la que los científicos aún no han logrado ponerse de acuerdo, es si los bebés sueñan en el vientre de la madre. Durante el embarazo, los bebés registran una importante actividad electroencefalográfica. La fase REM es todavía muy escasa, por lo que cabe deducir que apenas tienen sueños. A pesar de esto, algunos científicos aseguran que, puesto que el cerebro del feto está formado y funciona correctamente, deben tener alguna clase de sueños.

La necesidad de dormir

La regeneración celular, imprescindible para reponer las células muertas, cicatrizar heridas y preservar la salud, se realiza casi totalmente mientras dormimos. El ser humano puede morir más rápidamente por falta de sueño que por falta de comida.

Los experimentos que se realizaron en laboratorios en la década de los 40, demostraron que dormir es imprescindible para la supervivencia. Si se impide que una persona duerma, ésta se sentirá al principio desorientada, pero después sufrirá alucinaciones y, finalmente, transcurridos 10 días, morirá.

Fisiología del sueño

Fases del sueño

Cuando nos quedamos dormidos, entramos en una fase inicial en la que nos separamos lentamente del mundo objetivo o real. En la segunda fase todavía puede despertarnos cualquier pequeño ruido. En la tercera fase, nuestra mente está relajada y sólo un ruido fuerte podría despertarnos. Estas tres fases se prolongan unos 20 minutos. Acto seguido, entramos en una cuarta fase en la que nuestras células se regeneran gracias a las hormonas.

A los 60 o 70 minutos de habernos dormido, pasamos a la fase REM y tenemos el primer sueño, que dura de 9 a 10 minutos. En la fase REM el ojo se mueve con gran rapidez (de hecho, REM son las siglas de *Rapid Eye Movement*, es decir, «movimiento rápido de los ojos»), al tiempo que se modifican las ondas cerebrales. Transcurrida ésta, volvemos a empezar desde la primera fase y, al cabo de 90 minutos, soñamos de nuevo.

A lo largo de la noche tenemos cuatro o cinco estadios REM, cuya duración va en aumento: de los 10 minutos del primer estadio a los 30 minutos del último. Tras este último, tenemos unos minutos de sueño profundo, seguido por un sueño más ligero. El despertar definitivo se produce entre la séptima y octava hora de sueño.

La fase REM

La fase REM es la última fase del ciclo de sueño y la más profunda. Paradójicamente, es también el momento del sueño en el que se observa mayor actividad cerebral. Es decir, cuando el cuerpo está profundamente dormido, nuestra mente está más despierta. Por ello, se ha llamado *sueño paradójico* a los períodos REM.

Durante esta fase, los principales músculos del cuerpo están paralizados (lo cual impide que nos movamos mientras soñamos), aunque se dan pequeños movimientos tales como parpadeos y gestos faciales. Sin embargo, se observan irregularidades tanto en el ritmo del pulso como en la respiración y la presión de la sangre. El consumo de oxígeno por parte del cerebro aumenta vertiginosamente, y en el hombre se producen habitualmente erecciones totales o parciales.

Se sabe, además, que los movimientos rápidos de los ojos que tienen lugar en esta fase son sincrónicos. Es decir, ambos ojos se mueven en la misma dirección, como si el soñador estuviese contemplando una película.

Los sueños de las fases no-REM son más imprecisos. Tienen poca acción, son menos dramáticos y su duración es menor.

> **Sueños sin escapatoria**
>
> Curiosamente, aunque durante el sueño REM los músculos están paralizados, es cuando los sueños son más vivos e intensos. Esto explica por qué a menudo soñamos que no podemos escapar de alguien que nos persigue.

La necesidad de soñar

Entre 1960 y 1970 se realizaron una serie de experiencias en el Mount Hospital de Nueva York que demostraron que si a una persona se le impide soñar o se le despierta antes de la fase REM, ésta tiende a comportarse de forma cada vez más tensa y angustiada. Los síntomas habituales son falta de concentración, pérdida de memoria, fatiga e irritabilidad. También se pudo comprobar que, cuando se le permitía soñar de nuevo, dicha persona alteraba su ciclo normal de sueño y aumentaba la permanencia en la fase REM en un 15% durante algunos días.

La conclusión a la que se llegó en este estudio es que los sueños son necesarios para mantener el equilibrio psíquico, del mismo modo que las tres primeras horas de sueño son necesarias para la salud del organismo.

Sueños de laboratorio

Los sueños, en el campo científico, se estudian mediante el registro encefalográfico de la actividad eléctrica del cerebro durante el ciclo de sueño.

En los laboratorios –también llamados «unidades de sueño»– se analiza la profundidad del sueño y el momento en el que tienen lugar. También se observa otros aspectos: la actividad muscular, el movimiento de los ojos, la respiración, el nivel de oxígeno en la sangre, la temperatura corporal y la tensión arterial.

Se despierta a los voluntarios en diferentes fases del sueño para que expliquen lo que han soñado o sentido. Gracias a estos voluntarios podemos tener los conocimientos actuales sobre la fisiología de los sueños.

¿Sueñan los animales?

Los animales de sangre fría no sueñan nunca, pues el frío de la noche hace que caigan en letargo y todas sus funciones vitales quedan paralizadas, incluso las del cerebro. Sólo cuando sale el sol o la temperatura asciende hasta un

Fisiología del sueño

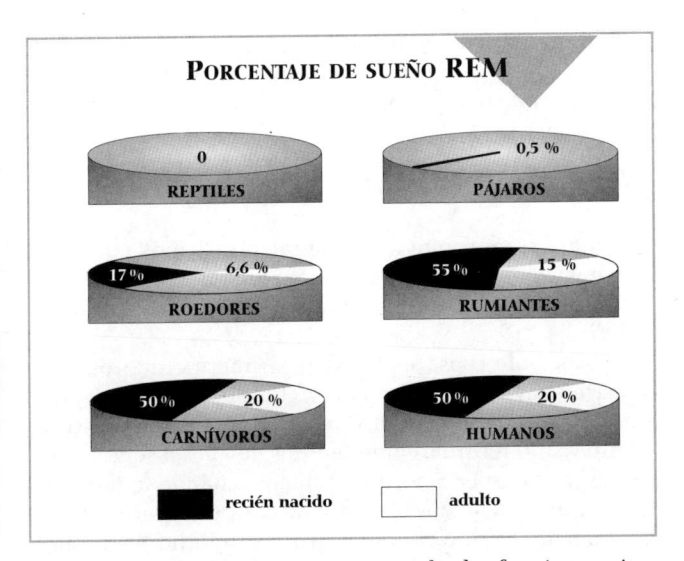

PORCENTAJE DE SUEÑO REM

Grupo	Recién nacido	Adulto
REPTILES	0	—
PÁJAROS	—	0,5 %
ROEDORES	17 %	6,6 %
RUMIANTES	55 %	15 %
CARNÍVOROS	50 %	20 %
HUMANOS	50 %	20 %

grado aceptable, pueden recuperar todas las funciones vitales. El único animal de sangre fría que presenta indicios de soñar es el camaleón.

En cambio, se puede afirmar que todos los animales de sangre caliente sueñan, pues se ha detectado en ellos la actividad cerebral propia de la fase REM. Los pájaros sueñan solamente un 0,5% del tiempo que duermen, mientras que el hombre llega a soñar durante el 20% de dicho tiempo. Hay casos excepcionales, como el del ornitorrinco australiano que no sueña nunca.

¿Por qué olvidamos los sueños?

Es muy común que al despertar nos demos cuenta de que hemos olvidado por completo nuestros sueños, o que los recordemos de forma muy vaga e inconexa. ¿A qué se debe?

Una posible causa es la censura interna, que tiende a hacernos olvidar lo soñado. Por ello, si permitimos que el sueño siga su ciclo normal, quedará guardado en el inconsciente y sólo recordaremos algunos detalles o sensaciones. Pero si nos despertamos bruscamente cuando la fase REM está a punto de finalizar, podremos recordar perfectamente el sueño, ya que el despertar repentino no ha permitido que la censura interna actúe.

Los períodos no-REM permiten la formación de nuevos sueños y el olvido de los anteriores. Por ello, sólo podremos recordar aquellos sueños que queden interrumpidos abruptamente o los últimos de la mañana. Si nos despertamos de golpe recordaremos más sueños que si lo hacemos gradualmente. Por otra parte, los sueños nítidos y de intenso contenido emocional tendrán más posibilidades de ser recordados que los sueños vagos o confusos.

Más adelante se exponen algunas técnicas para recordar los sueños.

Distorsión de la realidad

El mundo de los sueños no se rige por las mismas reglas que la vida real. Aquello que es imposible en la vida cotidiana ocurre en nuestros sueños sin que nos sorprenda.

Los sueños utilizan un lenguaje propio muy cinematográfico y simbólico. Este lenguaje es diferente del que empleamos en la vigilia, ya que no es lógico sino instintivo y universal, tal como veremos en el capítulo dedicado a las interpretaciones modernas.

En los sueños, el tiempo se distorsiona completamente: sucesos separados por décadas ocurren en un mismo instante, personajes históricos se mezclan con familiares y la persona que sueña puede ser transportada tanto al pasado como al futuro. Asimismo, el espacio también puede sufrir todo tipo de modificaciones.

Nuestra mente, por su parte, no actúa como lo haría en la vida real; muchas veces procede de forma contradictoria, ignorando la frontera entre lo correcto y lo incorrecto.

Interpretaciones modernas

Tras muchos siglos de silencio, el significado de los sueños resurgió con gran fuerza en 1899, año en el que Sigmund Freud publicó *La interpretación de los sueños*. Este libro sentó las bases de todo lo que iba a suceder en los cien años siguientes, y sigue siendo una obra de referencia esencial para comprender la mente humana y sus manifestaciones.

Freud fue el primero que trató de comprender los sueños en la época moderna. Rechazaba la idea de que los sueños fueran una respuesta a los acontecimientos externos del individuo. La célebre obra del médico vienés estableció además las preguntas básicas que toda persona debe plantearse para estudiar y analizar los sueños:

- ¿Cuál es el origen y finalidad de los sueños?
- ¿Cómo debemos interpretar su significado?
- ¿De qué manera puede servir esta interpretación para comprender mejor nuestra psicología?

En respuesta a sus propias preguntas, Freud concluyó que los sueños son básicamente satisfacción de deseos inconscientes. En su opinión, los sueños tienen un *contenido manifiesto* (lo que parecen ser) y un *contenido latente* (lo que son en realidad). Dado que para Freud los sueños son «el camino más directo al inconsciente», al averiguar el significado latente de éstos podremos rescatar los contenidos del inconsciente.

El inconsciente

Con frecuencia se compara la mente humana con un iceberg: sólo vislumbramos la pequeña parte que sobresale del agua, es decir, la mente consciente. Todo lo que permanece oculto bajo las aguas sería el inconsciente. Cuando dormimos, el pensamiento consciente queda en estado de letargo y el inconsciente toma el control de los sueños. Los psicólogos dividen la psique humana en tres niveles distintos:

- **Consciente:** lo que pensamos en el momento actual.
- **Preconsciente:** información que guardamos en la memoria de la que podemos disponer en cualquier momento.
- **Inconsciente:** material olvidado o reprimido que se almacena en algún lugar de nuestra mente e influye en nuestra conducta, aunque no podemos acceder a él libremente.

Interpretaciones modernas

Para desvelar estos significados, Freud ideó la técnica conocida como **asociación libre**, que llegaría a ser una de las piedras angulares del psicoanálisis.

Otro eminente analista de sueños y discípulo de Freud, Carl Gustav Jung, recomendaba a sus pacientes que practicaran la asociación libre con los elementos que integraban sus sueños. Sin embargo, a diferencia de Freud, Jung no pensaba que fuera aconsejable apartarse demasiado del sueño en el transcurso de la asociación libre. Las hipótesis de Jung sobre los sueños diferían sensiblemente de las de Freud. Jung no creía que los sueños fueran sólo expresión de los instintos sexuales y de autopreservación. Consideraba que en ellos también residían impulsos elevados como la creatividad y la espiritualidad. Para este autor, los sueños eran esenciales para desarrollar todo nuestro potencial como seres humanos.

Jung describía el ser humano como alguien que vive en una casa espléndida sin moverse nunca del sótano. Durante los sueños, el individuo abandona el sótano y vaga por las escaleras y pasillos de su mente. En su camino, va pasando por habitaciones desconocidas: algunas son inhóspitas y generan temor y malestar, otras son simples cuartos trasteros sin más relevancia; en ocasiones, tras la puerta nos espera una sala colmada de luz y belleza. En esta casa que somos nosotros también encontramos muchas personas:

Asociación libre

Esta técnica consiste en tomar un elemento importante del sueño –con un fuerte contenido emocional o simbólico– y a partir de éste encadenar distintas asociaciones para hacer aflorar emociones reprimidas, recuerdos olvidados o incluso sueños del pasado que tuvieron gran significación.

Imaginemos, por ejemplo, que ha soñado con una montaña. Retenga en la mente la palabra montaña. ¿Qué asociación relaciona con este término o imagen? Retenga ese nuevo concepto y repita la operación. Vaya pasando de un concepto a otro y preste atención a todo lo que surja. A medida que profundizamos, la distancia entre el consciente y el inconsciente se hace cada vez más corta.

---

algunas familiares, otras totalmente desconocidas; tal vez sean amables o bien extremamente hostiles. En cualquier caso, cada habitación y cada personaje de nuestra «mansión» tiene algo que decirnos.

Otra brillante aportación de este psiquiatra suizo fue la idea de los **arquetipos**. Jung creía que cada persona tiene sus propios símbolos (normalmente inconscientes), los cuales son asombrosamente similares a los del resto de personas. Según él, esto se explica porque no sólo heredamos

Interpretaciones modernas

unas características físicas y mentales, sino también un **inconsciente colectivo**: una manera de organizar e interpretar nuestra experiencia de modo parecido a los demás. Los arquetipos –imágenes y conceptos que tienen significado para todas las culturas y épocas– son la expresión más común del inconsciente colectivo.

Jung creía que en lo sueños de todas las personas pueden reconocerse modelos arquetípicos como el héroe, la mujer bella, el mago o el animal sabio.

Después de él, han habido otras corrientes interpretativas. Fritz Perls, fundador de la **terapia Gestalt**, sostenía que todos los personajes y objetos que vemos en el sueño son proyecciones de nosotros mismos y de nuestra manera de vivir. Medard Boss, por su parte, contribuyó a la implantación de la **psicología existencial**, según la cual cada persona elige lo que quiere ser y expresa esta libertad en todos los aspectos de su conducta. Esta escuela negaba que los sueños tuvieran un significado manifiesto y otro latente. Lo único que se necesita para entender los sueños –afirmaban– es liberarse de ideas preconcebidas y símbolos de carácter esotérico.

Temática de los sueños

Los sueños son imágenes, sensaciones que parten de nuestro inconsciente, aunque puedan contener elementos universales. Suelen centrarse en el mundo cotidiano de la persona que sueña, por lo que muchas veces pueden parecer triviales. En ciertas ocasiones, sin embargo, soñamos en mundos extremadamente sutiles que parecen escapar a las experiencias de vigilia.

En este sentido, es interesante llevar un diario de sueños. Al racionalizar los mensajes oníricos, pueden identificarse los temas y elementos más relevantes y que, por tanto, merecen nuestra atención.

Las investigaciones llevadas a cabo por Calvin Hall entre 1950 y 1960 demostraron que las personas suelen tener a lo largo de su vida los mismos sueños, a pesar de que la situación de éstas haya cambiado.

La lista completa sería tan infinita como las imágenes de los sueños.

Hall también descubrió que los sueños de agresión son comunes a culturas tan diferentes entre sí como la de los zulúes africanos, los europeos del norte y los aborígenes australianos. De acuerdo con sus investigaciones, un 50% de los sueños contenían al menos un acto de violencia (desde sentimientos de hostilidad no expresados, hasta, en el otro extremo, luchas a muerte).

Asimismo, sus investigaciones demostraron que los sueños que se tienen en la infancia contienen el doble de agresividad que los de los adultos. Niños y niñas sueñan a menudo que son atacados o perseguidos por animales (salvajes o domésticos). Estos sueños incluyen perros, gatos, tigres, gorilas, serpientes y arañas. Una posible explicación sería que, en estos sueños, los animales representan los temores y deseos infantiles.

Por otra parte, las pesadillas suelen aparecer en la segunda mitad de la noche tanto en niños como en adultos. Aparentemente, son más frecuentes en las mujeres. Las pesadillas expresan conflictos que la persona que sueña no ha podido superar en la vigilia.

Por último, otra clase de sueños muy habituales son los sueños sexuales, los cuales suelen expresar nuestros deseos sexuales reprimidos. Durante estos sueños, especialmente entre los chicos adolescentes, suele producirse una excitación de los órganos sexuales.

Temática de los sueños

¿En qué soñamos?

Un amplio estudio realizado en Francia sobre la temática de los sueños –en el que participaron cientos de voluntarios– arrojó estos interesantes resultados:

- El **18%** eran sueños sobre las relaciones de pareja.
- El **15%** trataban sobre la casa, en especial sobre la de la infancia.
- El **10%** eran sueños de «sombra» en los que aparecían agresores, ladrones, perseguidores inquietantes, etcétera.
- En el **8%** de los sueños, las personas perdían el tren o llevaban equipajes embarazosos.
- En el **6%** aparecía agua, pozos y túneles, así como accidentes de coche (y a veces de bicicleta).
- El **5%** trataban de niños y bebés olvidados.
- Otro **5%** estaba protagonizado por serpientes.
- En el **4%** aparecía el fuego o escaleras.
- Un **4%** se centraba en animales negativos (arañas, cucarachas, murciélagos, etc.)
- El **3%** tenían la ropa como elemento central (o la falta de ropa, es decir, la desnudez)
- El **2%** trataban de la pérdida de dientes y de otras situaciones alarmantes.

Tipología

A menudo, los sueños tienen una finalidad concreta, razón por la que reclaman nuestra atención. Pueden alertarnos de ciertos problemas e incluso proponer soluciones. Asimismo, pueden servir para liberar tensiones internas, inspirar ideas e incluso revelar el futuro. Las barreras entre unos y otros no están muy claras, por lo que algunos sueños pueden ser de varias clases a la vez.

Sueños de autosatisfacción

Freud creía que los sueños podían revelar conflictos psicológicos. Estos son los llamados sueños de autosatisfacción. Sirven para cumplir nuestros deseos y expresan todo aquello que no admitimos en la realidad. Suelen ser breves y muy difíciles de recordar, ya que la censura interna los archiva para que no tengamos acceso a ellos.

Éstos tiene que ver con nuestra supervivencia (*instinto de autopreservación*) y la preservación de la especie (*instinto sexual*).

Sueños premonitorios

Son aquellos en los que soñamos con situaciones futura, muchas veces negativas. Pueden deberse a que nuestra mente ha asimilado las claves de algún hecho concreto.

Aunque estos sueños advierten de peligros futuros, rara vez la persona que sueña participa en los sucesos.

No debemos confundir los sueños premonitorios con los de predicción. El cerebro puede anticipar lo que conside-

Sueños pronosticadores

Hay personas que emplean sus números oníricos de la suerte para apostar a las carreras o jugar a la lotería. El número onírico de la suerte se determina traduciendo el tema esencial del sueño en cifras. Por ejemplo, si el tema es «entierro», según la tabla inferior, el número onírico sería el 30 (**E**=1 **N**=1 **T**=3 **I**=6 **E**=1 **R**=5 **R**=5 **O**=8).

5	4	3	2	1	9	8	7	6
A	B	C	D	E	F	G	H	I
J	K	L	M	N	Ñ	O	P	Q
R	S	T	U	V	W	X	Y	Z

ra que es la continuación lógica de lo que vivimos conscientemente. Por lo tanto, una premonición se produce siguiendo los hechos de la vigilia. La predicción, en cambio, anuncia algo que las circunstancias reales no hacen previsible.

Sueños creativos

Muchos artistas, escritores, músicos, científicos e inventores han hallado en los sueños una poderosa fuente de inspiración.

El músico italiano del siglo XVIII Tartini compuso su *Sonata del diablo* a partir de un sueño en el que el diablo tocaba el violín para él.

Otro ejemplo notable es el caso del escritor Robert Louis Stevenson, el cual vio en un sueño cómo su célebre personaje de ficción, Mr. Hyde, cambiaba de personalidad al tomar una pócima.

Sueños que resuelven problemas

Algunos científicos han utilizado sus sueños para resolver problemas (lo que popularmente se conoce como «consultar con la almohada»). El inventor Thomas Edison dormía durante breves espacios de tiempo cuando trabajaba y estaba convencido de que sus mejores invenciones las debía a este método.

En el siglo XIX, el químico Kekule soñó con una serpiente que se mordía la cola. Esta imagen le ayudó a encontrar la estructura de la molécula del benceno.

Sueños recurrentes

Aunque los sueños nunca son iguales, algunos repiten determinados temas o elementos importantes. Los sueños repetitivos tratan de atraer nuestra atención sobre cuestiones que estamos descuidando. A veces, incluso pueden proponernos la solución a dichos problemas.

Los temas más recurrentes suelen ser: situaciones que generan ansiedad, escapar de alguien que nos persigue, o bien una labor que nunca logramos terminar.

Sueños de la vigilia

Los sueños también pueden ser lógicos y verosímiles. Esta clase de sueños se basan en objetos y lugares reales o en 'personas que el soñador conoce. Son sueños fáciles de interpretar que reflejan experiencias cotidianas, aunque también pueden servir para recordarnos cosas que debemos hacer.

Los sueños de la vigilia son aquellos que incorporan elementos del entorno del sujeto: un grifo que gotea, ruido de tráfico, el tictac de un reloj, etcétera.

Sueños compensatorios

Jung creía que los sueños tenían una función de compensación para favorecer el equilibrio psíquico. Por lo tanto, alguien pacífico cuando soñaba se volvía violento, o alguien tímido aparecía haciendo un discurso en público.

Del mismo modo, si estamos tristes en la vida real, puede ser que nuestros sueños sean cómicos, o, por el contrario, si estamos atravesando una buena época, podemos tener sueños de gran aflicción.

Sueños que obedecen a causas fisiológicas

Hay ciertas necesidades fisiológicas que pueden aparecer en los sueños. Por lo tanto, podemos tener sueños en los que estamos sedientos o en los que tenemos frío. La sensación de caernos de la cama también puede tener un significado práctico.

La función de estos sueños es la de despertar a la persona que duerme.

Sueños lúcidos

Entre los sueños más extraños (y, para muchos, más estimulantes) están los llamados sueños lúcidos. En éstos, la persona mientras duerme es consciente de que está soñando y, por lo tanto, puede controlar lo que le ocurre en el sueño.

Se cree que este tipo de sueños no se producen con demasiada frecuencia, aunque aún no se ha estudiado a fondo este tema. Todo parece indicar que estos sueños son más habituales durante las primeras horas de la madrugada, cuando el sujeto se da cuenta de que está soñando debido a algún suceso imposible o improbable (por ejemplo, ver a un familiar muerto) o a alguna incoherencia flagrante del sueño (como puertas y ventanas que no están en su lugar).

Hay que diferenciar entre los sueños lúcidos y los prelúcidos. En los sueños prelúcidos el sujeto se pregunta a sí mismo si está soñando, pero es incapaz de encontrar una respuesta.

Cuando alguien sueña por primera vez de forma lúcida, suele experimentar que sus sentidos aumentan. El soñador percibe muchos detalles del sueño y nota que la mente está tan consciente como durante la vigilia. La sensación de libertad, satisfacción y realización permanece mucho después de haber despertado.

Es posible estar lúcido pero no tener el control sobre el sueño, al igual que podemos tener mucho control y no sospechar que estamos soñando. Por tanto, lucidez y control son dos términos independientes.

Pesadillas lúcidas

Algunas personas adquieren plena lucidez en medio de una pesadilla. Esto puede ayudarles a enfrentarse a sus miedos, pero requiere valor.

Aunque sepamos que lo que sucede no es real, podemos tener tanto miedo que queramos escapar. Escapar nunca es la solución, pues el sueño volverá a aparecer más adelante. Es más efectivo afrontar el miedo, más aún sabiendo que nada malo puede ocurrir, ya que el miedo es real pero el peligro no.

Experiencias extracorporales

Una variante de los sueños lúcidos son las experiencias extracorporales, también llamadas proyecciones astrales.
Un 10% de las personas afirma haber tenido alguna experiencia de este tipo. En general, sólo duran unos momentos, durante los que la conciencia parece abandonar el cuerpo. La persona llega a contemplar su cuerpo desde fuera como un espectador externo. La mayoría de las experiencias extracorporales ocurren durante el sueño o bajo el efecto de la anestesia. Hay abundantes casos de pacientes que tienen experiencias cercanas a la muerte en el transcurso de operaciones o enfermedades graves.

Cómo recordar los sueños

Cada noche, el ser humano sueña durante una hora y media aproximadamente, aunque muy pocas personas recuerdan lo soñado.

Como ya hemos visto, la mayoría de sueños se producen durante la fase de sueño paradójico, o fase REM, y para recordarlos deberíamos despertar en el momento adecuado. Lo ideal sería despertar cuando termina el ciclo del sueño, pero antes de empezar el siguiente ciclo. De este modo se impide que la censura interna archive el sueño en el inconsciente.

En este capítulo veremos las diferentes técnicas que se pueden emplear para recordar los sueños y mejorar su calidad.

¿Cuántas horas debemos dormir?

Cada persona tiene que saber cuánto tiempo debe dormir. Por término medio, un adulto necesita dormir cada noche entre 6 horas y media y 8 horas y media. Algunas personas duermen sólo 5 horas, mientras que hay una minoría que necesita dormir 10.

Los especialistas recomiendan estar en la cama aproximadamente media hora antes de la hora de dormir.

Efectos de la comida y la bebida

El tipo de alimentos, la cantidad y la hora a la que comemos influyen en los ciclos del sueño. Muchas veces las pesadillas son consecuencia de una cena demasiado copiosa, ya que si nuestro organismo tiene problemas para hacer la digestión, lo más probable es que este problema se refleje al dormir.

Por ello, es aconsejable evitar en la cena los alimentos que provoquen gases (como las judías, los vegetales crudos y los cacahuetes), así como los alimentos ricos en grasas. También es conveniente acostarse dos horas después de haber comido. La cena debería constar de alimentos muy ligeros (fruta, leche, etc.).

El alcohol y el tabaco inhiben la fase REM y alteran el ciclo del sueño, privando al cuerpo de un descanso profundo. Aunque sólo bebamos un par de copas por la noche, el efecto nocivo no desaparece de nuestro organismo hasta al cabo de unas cuatro horas. Por lo tanto, si queremos potenciar nuestros sueños, debemos prescindir por completo de las bebidas alcohólicas y el tabaco.

En varios estudios realizados en 1970 y 1973 se demostró que las personas alcohólicas tienen una fase REM muy reducida y fragmentada. Tienen que pasar dos años de total abstinencia para que dichas personas restablezcan sus ciclos de sueño normales.

Por otra parte, muchos medicamentos como los somníferos, barbitúricos, antidepresivos o tranquilizantes reducen la duración de la fase REM, por lo que su abuso puede llegar a anular casi totalmente la capacidad de soñar.

Preparar nuestro entorno

Es importante que el lugar en el que dormimos favorezca nuestra actividad onírica.

La habitación debe estar aireada y tener una temperatura adecuada (ni mucho calor ni mucho frío), y debe estar a oscuras o con una luz muy tenue.

Asimismo, es fundamental que nos sintamos a gusto en la cama. La columna, en principio, debería estar recta. La elección del colchón dependerá de si dormimos de lado, boca arriba o boca abajo. Si dormimos de lado o boca arriba, lo ideal es un colchón semiduro. En el caso de dormir boca abajo, es preferible un colchón más firme, además de colocar una almohada plana debajo del estómago.

Cuanta menos ropa nos pongamos para dormir, tanto mejor. Lo ideal sería dormir desnudos.

Por último, muchas personas creen que la orientación de la cama también influye, y recomiendan situar la cabecera hacia el norte y los pies hacia el sur. Sin embargo, no está demostrado que esto afecte a la calidad del sueño.

El ruido también es un factor determinante. Deberíamos procurar que en la habitación haya el máximo silencio. Si no es posible, los tapones de cera o de espuma pueden ser una alternativa.

Unos ejercicios de relajación poco antes de dormir contribuyen a aliviar el estrés y combatir la ansiedad y las preocupaciones. Los métodos de relajación son muy útiles para dormir mejor y tener sueños más serenos.

Es conveniente despertar de manera suave y natural, cuando nuestro organismo haya concluido su ciclo. Lo ideal sería no usar el despertador, ya que rompe el último ciclo de sueño –el más importante de todos por su duración y contenido. Para ello, podemos recurrir a medios menos traumáticos que el despertador. Si por la noche nos inculcamos el deseo de despertar a una hora determinada y recordar los sueños, lograremos dos objetivos:

- Despertar de modo natural a la hora deseada.
- Romper la censura interna y recordar lo soñado.

Insomnio

Entre un 12 y un 14% de la población sufre habitualmente de insomnio –un 72% son mujeres. Pero si hablamos de trastornos del sueño en general (incluyendo el sonambulismo o el exceso de sueño), la cifra alcanzaría un 24%. Otro dato interesante es que las personas que duermen solas son más propensas al insomnio que las que tienen pareja estable.

Muchas personas con problemas para dormir por la noche lo compensan durmiendo algunas horas durante el día. Pero eso no soluciona el problema, ya que el ciclo del sueño continúa alterado.

Hay diversos métodos naturales para favorecer el sueño: hacer ejercicio durante el día, relajarse antes de acostarse o beber una infusión caliente de valeriana, tila o melisa.

Técnicas para recordar los sueños

Un ejercicio previo importante para recordar los sueños es cada noche, al adormecernos, repetir a nuestro inconsciente que deseamos recordarlos. Los instantes que separan la vigilia y el sueño son los más propicios para influir en el inconsciente. Por lo tanto, es entonces cuando debemos sugerir a nuestra mente que nos ayude a recordar los sueños a la mañana siguiente.

Beber uno o dos vasos de agua dos horas después de haber cenado ayuda a limpiar el aparato digestivo y evita molestias que pueden turbar nuestro sueño. Por otra parte, el agua seguramente nos hará levantar en mitad de la noche y, al interrumpir el ciclo, la censura interna no actuará y recordaremos los sueños con mayor facilidad.

Al despertar por la mañana, debemos procurar no movernos de golpe. La forma más eficaz de recordar lo soñado es permanecer inmóviles y relajados. Las primeras imágenes que aparecerán son las del final del último período de sueño (que es el más importante en cuanto a contenido y duración). A partir de estas imágenes podemos intentar retroceder en el sueño siguiendo el hilo conductor de éste.

Cuando no recordemos nada más, podemos cambiar de posición moviéndonos lentamente.

Todo el proceso no debe durar más de 15 minutos, que es el tiempo máximo en el que nuestra mente está receptiva después de despertar.

Esta técnica requiere unos días de práctica para que sea efectiva.

Registrar los sueños

Para registrar los sueños es importante tener lápiz y papel –o incluso una grabadora– en la mesita de noche. Así se evitan desplazamientos que podrían borrar los detalles de nuestra mente.

Podemos empezar apuntando la fecha del sueño y quizás un título para identificarlo más fácilmente. Hecho esto, pasaremos a describir lo que sucedía en el sueño. Finalmente, apuntaremos el resto de observaciones: los sentimientos que nos ha producido, si ha sido o no un sueño lúcido, si era en blanco y negro o en color –en este último caso, si había algún color dominante–, o cualquier otra particularidad que nos llame la atención. Cuanta más información podamos recabar, más rica será nuestra interpretación.

Resumir el sueño con un dibujo también puede ayudarnos a desvelar su significado, independientemente de nuestro talento artístico.

La interpretación

Un sueño es una proyección de nosotros mismos y nuestras preocupaciones, alegrías, esperanzas o temores. Por ello, sólo nosotros podemos interpretarlos correctamente.

El diccionario de sueños puede ayudarnos a interpretar las diferentes imágenes, pero lo esencial es saber qué significan para nosotros. Por ejemplo, soñar con caballos no tiene el mismo sentido para una persona a la que le gustan que para otra que les tenga pavor.

Hay que tener en cuenta que el inconsciente suele exagerar el mensaje para que nos llegue claramente. No debemos asustarnos de lo crueles, amorales o aterradores que puedan ser las imágenes de nuestros sueños.

Con frecuencia, los sueños de varias noches se complementan y tratan sobre un mismo tema, por lo que para entender su sentido debemos analizarlos tanto separadamente como en conjunto.

Si tenemos sueños recurrentes o que nos hayan impresionado más de lo normal, deberemos concederles especial importancia, pues son un mensaje urgente sobre el que el inconsciente reclama nuestra atención.

¿Podemos programar nuestros sueños?

Hace más de 3000 años, en el Antiguo Oriente se desarrolló una técnica para dirigir los sueños. Esta técnica consiste en sugerir al inconsciente el tema que se quiere soñar, permitiendo que se desarrolle libremente. Al dormir, nuestros sueños trabajarán para nosotros y nos ayudarán a solucionar los problemas que nos preocupan, pues muchas veces la solución se encuentra en el propio inconsciente.

Cuando estamos a punto de dormirnos, las órdenes que se mandan al inconsciente son muy poderosas, aunque tengamos poca práctica en ello. Por lo tanto, al acostarnos debemos pensar brevemente en el problema que nos preocupa. Una vez dormidos, nuestro inconsciente seguirá trabajando en el tema que le hemos propuesto y manifestará sus respuestas en el lienzo de nuestros sueños.

Esta técnica es muy sencilla y da resultados muy positivos tras uno o dos meses de práctica. No obstante, es mejor no emplearla cada noche, sino sólo cuando tenemos una cuestión urgente. Es preferible dejar que el inconsciente escoja lo que quiere decirnos a través de los sueños.

Diccionario de sueños

a-z

a

Abandonar: Verse abandonado suele augurar problemas y dificultades. Si la persona que nos abandona es la madre, serán dificultades materiales; si es el padre, nos faltará voluntad para conseguir nuestros objetivos; si es el cónyuge, los problemas se producirán por nuestra culpa. Si somos nosotros quienes abandonamos algo o a alguien, significa que nos sentimos atados a unos principios o que dependemos demasiado de nuestro entorno, la familia o los amigos.

Abanico: La persona que utiliza el abanico en el sueño es quien dirige la situación en la realidad: si somos nosotros mismos, estamos actuando con frivolidad; si es otra persona, significa que son los demás quienes desean nuestro amor. Si usamos el abanico para darnos aire, puede significar un deseo de alentar planes o actividades. Si se usa para tapar el rostro, implica falta de sinceridad hacia uno mismo o hacia los demás.

Abejas: Las abejas son un signo de prosperidad, fruto del trabajo en equipo. Si soñamos que fabrican miel, tendremos éxitos materiales en breve. Verlas en una flor es símbolo de un nuevo amor. Sin embargo, también puede ser un sueño negativo: ser picado por una abeja indica que podemos ser calumniados; ver abejas furiosas implica problemas con nuestros socios. Soñar que se mata una abeja es presagio de ruina.

Abismo: Los sueños en los que aparece un abismo implican el final de una situación. Suelen ir acompañados por el vértigo. Éste puede ser físico, porque estamos en el borde de la cama; emocional, porque no podemos controlar la tensión delante de algunas personas; existencial, debido a la ausencia de metas en nuestra vida. Si no caemos en él, es que aún estamos a tiempo de evitar el peligro. Si caemos pero logramos salir, significa que hay una posibilidad de solucionar el problema, aunque deberemos pasar por grandes dificultades.

Abordaje: Si soñamos que somos víctimas de un abordaje significa que deseamos un cambio profundo y no somos capaces de realizarlo. Si somos nosotros los que lo llevamos a cabo y éste tiene éxito, quiere decir que ha llegado el momento de tomar iniciativas. Pero si el abordaje resulta un fracaso, es que conviene esperar a que la situación sea más propicia.

a

Abortar: Soñar con que abortamos indica que nuestros proyectos o sentimientos necesitan un cambio de orientación para poder llegar a buen fin. Soñar que se ayuda a una mujer a abortar es presagio de enfermedades o accidentes. No obstante, si sólo somos espectadores del aborto, significa que nuestros proyectos se retrasarán por causas imprevistas.

Abrazar: Este sueño suele indicar necesidad de cariño y comprensión. Si soñamos que abrazamos a alguien conocido y la sensación es agradable, quiere decir que deberíamos mostrar más nuestros sentimientos hacia esta persona.

Abrevadero: Soñar que unos caballos u otros animales beben de un abrevadero significa que pronto recibiremos buenas noticias o una pequeña herencia. Si el abrevadero está vacío, sufriremos pérdidas económicas.

Abrigo: Soñar que llevamos o que nos ponemos un abrigo significa que estamos escondiendo nuestra personalidad. Si es de otra persona, indica que dependemos de la misma. Si es nuestro, significa que nos sentimos seguros de nosotros mismos para hacer frente a las adversidades. Por el contrario, sacarse un abrigo expresa la necesidad de sincerarse y despojarse de lo superfluo.

Absolución: Soñar que somos absueltos (por ejemplo, en un juicio) augura un cambio positivo de actitud de los demás con respecto a nosotros.

Abuelos: Ver *antepasados*.

Abundancia: Este sueño aconseja ser prudentes y no confiarse, pues aunque nos sintamos seguros, podríamos tener pérdidas en breve.

Acantilado: Si escalamos el acantilado, sorteando las dificultades, el éxito es seguro. (Ver *abismo*).

Accidente: Puede reflejar nuestro temor a cometer errores o a no controlar nuestros sentimientos. También puede indicar la posibilidad de que aparezca un obstáculo en nuestra vida, por lo que deberemos estar prevenidos. Si en el sueño escapamos al accidente, significa que hemos estado cerca del peligro, pero ya lo hemos superado gracias a nuestro instinto o prudencia. Si el accidente lo sufren otros, quiere decir que sufriremos en breve una leve contrariedad o humillación.

Aceite: El aceite siempre augura éxitos, excepto si soñamos que un vaso o recipiente con aceite se rompe, en cuyo caso señala una desgracia cercana. Si nos vierten aceite sobre la cabeza, significa que hemos recibido un conocimiento excepcional que nos eleva por encima de nuestros semejantes.

Acera: Soñar que se sube a una acera implica ascender en el trabajo o en la vida. Si bajamos de la acera es señal de que estamos a punto de perder nuestra posición, aunque si actuamos con rapidez estaremos a tiempo de evitarlo.

a

Aclamación: Si somos aclamados pero no vemos el rostro de quienes nos aclaman, es señal de peligro, pues la vanidad puede arrastrarnos. Si somos aclamados por pocas personas y vemos el rostro de éstas, el éxito será fugaz y sólo servirá para alimentar nuestro ego.

Acoger: Soñar que somos acogidos significa que obtendremos la protección que necesitamos. Por el contrario, si somos mal acogidos, deberemos desconfiar de los consejos que recibamos en los próximos días.

Acostarse: Verse acostado en sueños indica un período de espera e incertidumbre ante problemas que no nos sentimos capaces de superar por nosotros mismos. Si estamos acostados con una persona del mismo sexo, significa que nos preocupa lo que puedan decir los demás. Si es del sexo opuesto, nuestros problemas pronto hallarán solución.

Acróbata: El acróbata y las acrobacias encarnan el riesgo y nos avisan de que estamos entrando en una situación de inestabilidad. Si la sensación es desagradable, puede indicar pérdidas económicas. Si, por el contrario, el ejercicio es placentero, significa que saldremos fortalecidos de la situación en la que nos encontramos.

Actor/actriz: Soñar que somos actores o actrices indica que no nos sentimos aceptados y creemos que para conseguir éxito necesitamos actuar, fingir. Soñar que hemos olvidado nuestro papel en la obra denota inseguridad. En cambio, si contemplamos el trabajo de actores y actrices, debemos ser precavidos, pues alguien está actuando y nos hace creer lo que no es.

Acumular: El sentido de este tipo de sueños es inverso al significado aparente. Por lo tanto, si soñamos que acumulamos dinero es señal de que se avecinan importantes pérdidas económicas.

Adiós: Soñar que alguien se despide de nosotros es señal de que hemos abandonado alguna actitud o costumbre negativa o que nos hemos liberado de algo que obstaculizaba nuestra vida. Si somos nosotros los que nos despedimos de una persona, indica que la veremos en breve; si en el sueño lloramos, nos espera, además, gran felicidad.

Adoptar: Este sueño se relaciona con la generosidad, pero también puede significar esterilidad y poca confianza en nuestras capacidades.

Aduana: Soñar que estamos en una aduana y que el aduanero nos registra, significa que en breve tendrá lugar un cambio importante en nuestra vida. Si las circunstancias del sueño son agradables, el cambio será positivo. En cambio, si éstas son angustiosas, eso implica que nos costará adaptarnos a la nueva situación.

Adulterio: Cometer adulterio en sueños es signo de que estamos insatisfechos con nuestras relaciones personales pero nos negamos a asumir nuestros sentimientos. Si analizamos a la persona con la que, en el sueño, cometemos adulterio, podremos ver aquello de lo que carece nuestra pareja real y, por tanto, los motivos de nuestra insatisfacción actual.

Agonía: Augura un cambio radical en la vida del sujeto. Por tanto, si estamos enfermos y soñamos que agonizamos, significa una pronta recuperación, pero si estamos sanos, nos advierte de una enfermedad. Si quien agoniza es otra persona, su actitud hacia nosotros sufrirá un cambio radical.

Agresión: Pertenece al grupo de sueños de significado inverso. Si somos agredidos significa que recibiremos una ayuda inesperada que nos permitirá alcanzar nuestros objetivos. Si nosotros somos los agresores, nuestros proyectos no se realizarán.

Agricultura: Refleja el cultivo de la personalidad, la actitud frente a la vida. Un campo fértil y bien cuidado revela felicidad y energía. Por el contrario, si el campo está seco y abandonado, significa que somos descuidados y conformistas, y que nos cuesta asumir retos.

Agua: El agua simboliza la vida, los sentimientos, la fecundidad y la abundancia. Si el agua es clara, anuncia una vida feliz y apacible, así como pureza de sentimientos. En cambio, si es turbia, indica un carácter difícil o problemas de salud. Las aguas sucias y encharcadas revelan falta de sinceridad en nuestros sentimientos. Una fina lluvia es símbolo de fecundidad y augura éxito en nuestros proyectos. Por el contrario, soñar con lluvias torrenciales significa deseos mal canalizados y disputas.

Águila: El sueño será positivo si nos identificamos con el águila y negativo si nos inspira temor o dolor. Si vemos un águila volando solemnemente a gran altura, indica que en la vida real estamos a punto de dejarlo todo por una idea, meta o ideal. Si la vemos volando con su presa, es señal de enemistades. Si el águila nos ataca, pronto acaecerán desgracias.

Agujas: Las agujas simbolizan los pequeños problemas y sinsabores que hallamos en el camino. Si las agujas son de ganchillo o de tricotar, apuntan a intrigas que se tejen a nuestras espaldas. Si están enhebradas son un buen augurio, mientras que si aparecen sin hilo, rotas o nos pinchamos con ellas, padeceremos pequeños contratiempos.

Ahogarse: Es la expresión de un estado de angustia demasiado prolongado. Nos avisa de que deberíamos tomarnos unas breves vacaciones, puesto que hemos llegado al límite de nuestras fuerzas.

Aire: El aire se asocia al pensamiento, la imaginación y la mente en general. Si está limpio y tranquilo refleja nuestra paz interior, pero si está agitado anuncia problemas en breve. Si el aire es frío, tal vez estemos siendo injustos con alguien que nos rodea; si, en cambio, es caliente y húmedo, es señal de que nuestros sentimientos no nos permiten ver con claridad y nuestras decisiones pueden ser equivocadas.

Ajedrez: Encarna las estrategias de la vida, los riesgos y los pequeños sacrificios que hay que realizar. Este sueño aconseja tener paciencia y estar atento.

Alas: Indican que debemos lanzarnos a la acción, que es hora de volar por nosotros mismos y confiar en nuestras posibilidades.

Altar: Puede sugerir recogimiento, adoración, así como una boda cercana. Si el altar está derruido, refleja desolación y pérdida de valores morales.

Amamantar: Si nos vemos amamantando a un bebé o vemos como lo hace otra persona, indica prosperidad material. Si una mujer tiene este sueño, puede significar un posible embarazo o, si está embarazada, el augurio de un parto feliz.

Amanecer: El amanecer simboliza el final de la noche, de las penas y adversidades, y el inicio de una etapa de mayor felicidad y optimismo.

Amarillo: El amarillo es el color de la intuición, la inteligencia, el pensamiento, la profundidad y la claridad. Si está al lado de otro color, es signo de irritabilidad.

Ambulancia: La ambulancia es símbolo de auxilio, por lo que, en general, es un buen augurio. No obstante, si el soñador desempeña en la vida real un oficio peligroso, el sueño le advierte de la necesidad de trabajar con las máximas medidas de seguridad.

Amigo: Soñar con un amigo indica esperanza y consuelo. El aspecto del amigo nos indicará el estado de nuestras relaciones. Si tiene buen aspecto significa que nuestra amistad es sólida y pujante. En cambio, si tiene mal aspecto es indicativo de que la amistad irá en declive.

Amor: Otro sueño de sentido inverso. Soñar que somos amados y felices augura penurias; en cambio, soñar que somos desgraciados augura felicidad. Si domina el erotismo y la sensualidad, refleja nuestra necesidad de trascender lo cotidiano.

Amputación: Representa un sentimiento de incapacidad respecto a la situación a la que nos estamos enfrentando en la actualidad.

Ancla: Soñar que echamos el ancla es un aviso de que debemos pararnos a meditar. Por el contrario, si la arriamos es que ha llegado la hora de pasar a la acción.

Ángeles: Soñar con ángeles indica que hemos iniciado una nueva etapa en nuestra vida en la que se abren nuevas perspectivas. No obstante, si los ángeles están tristes o furiosos, el cambio puede ser negativo.

a

Anillo: Las figuras redondas y cerradas, como el anillo, el brazalete o el cinturón, son símbolo de continuidad y protección, y su presencia augura un compromiso, una declaración de amor, o la consolidación de una sociedad. Lo que le suceda al anillo en el sueño, le ocurrirá también al vínculo que representa. Por lo tanto, una alianza rota presagia divorcio; perder un anillo augura disputas con la persona que nos lo dio; ponérselo a otra persona denota el deseo de ejercer dominio sobre ella.

Animales: Representan las cualidades o defectos con los que tradicionalmente se les asocia. (Consultar los distintos animales).

Antepasado: Si los antepasados están irritados o tristes, cabe esperar alguna desgracia, pero si están alegres, tendremos alegrías y beneficios. Si nuestros abuelos están vivos, revela que buscamos apoyo en terceras personas.

Apuesta: Apostar en sueños indica que estamos dispuestos a asumir riesgos; si nos ponemos en manos del azar sufriremos pérdidas económicas.

Araña: Es un sueño negativo, ya que la araña y la tela que teje simbolizan la trampa que el soñador tiende o en la que se está precipitando. También simboliza la soledad, la incomunicación y las disputas.

Árbol: Representa nuestra propia personalidad. Un árbol frondoso y robusto expresa seguridad y creatividad. En cambio, si es un árbol débil y sin hojas, indica que no estamos en el buen camino y que carecemos de la suficiente experiencia para realizar lo que nos proponemos. Si en el sueño subimos a un árbol, nos esperan honores y fortuna. Pero si caemos, perderemos el empleo. Si caemos desde muy poca altura, el único peligro será el de quedar en ridículo.

Arco iris: Simboliza la esperanza y la prosperidad, así como el éxito en todo aquello que deseemos realizar.

Ardilla: Representa la ligereza y los juegos intrascendentes. Se asocia a la coquetería y a las relaciones superficiales.

Arena: Soñar con una playa de arena fina augura paz y sensualidad. Por el contrario, la arena del desierto representa aridez y estancamiento. Soñar que caminamos por la arena revela el temor a no alcanzar la meta . Si soñamos que encontramos arena en la comida o en la ropa, indica que nos sentimos intranquilos debido a nuestra situación actual.

Arma: Soñar con armas siempre presagia disputas, procesos y complots. También es indicio de una falta de seguridad en uno mismo. Si en el sueño nos vemos con un arma de fuego en las manos y disparamos, estamos empleando nuestra energía de forma negativa. Si no llegamos a disparar, el problema finalizará sin consecuencias graves. Las armas blancas indican separaciones y rupturas. Este tipo de sueños es muy frecuente en adolescentes, en cuyo caso son un símbolo del despertar sexual.

Armario: Representa nuestros sentimientos secretos. Ver un armario oculto y protegido indica dificultades para relacionarnos. Si se encuentra repleto y ordenado, significa que tenemos una gran riqueza interior. No obstante, si está desordenado, deberíamos poner orden a nuestras ideas y sentimientos.

Arrancar: Esta acción violenta refleja alguna frustración o sentimiento reprimido.

Arrastrar: Revela la existencia de algo que nos atrae y que se sobrepone a nuestra voluntad, ya sea una pasión o un sentimiento negativo. Nos invita a reflexionar; de lo contrario correremos peligro.

Arrepentirse: Este sueño nos advierte de que no cometamos el error del que nos arrepentimos en el sueño.

Arroyo: Soñar con un arroyo de aguas claras es indicativo de alegría y realización, pero si las aguas están turbias o el arroyo está seco, sufriremos pérdidas.

Ascensor: Simboliza las subidas y bajadas en nuestra carrera profesional. Si el ascensor está vacío, indica que hemos perdido una oportunidad, mientras que si está lleno, es señal de que existe mucha gente que está compitiendo con nosotros. Si nos quedamos encerrados dentro, significa que nos negamos a evolucionar.

Asesinar: Expresa un grave conflicto interno entre nuestros deseos y las normas morales, legales o familiares. Necesitamos un período de profunda reflexión.

Atar: Revela nuestro deseo de atar a una persona de la que dependemos, a un hijo –para impedir que crezca– o a nosotros mismos. Soñar que rompemos las ataduras significa liberación en breve.

Ataúd: Es un buen augurio, pues representa el fin de un ciclo y el inicio de otro, así como el final de una situación opresiva. Si vemos un ataúd ocupado por una persona que no conocemos, indica que nos estamos desprendiendo de cosas inútiles. Si conocemos a la persona, revela nuestra preocupación por su salud.

Aterrizaje: Los aterrizajes presagian un desenlace feliz. También apunta a una toma de contacto con la realidad después de haber confiado en cábalas. (Ver *avión*).

Autobús: Subir a un autobús implica un cambio en nuestra vida que también afectará a otras personas, directa o indirectamente. Si el autobús está lleno de gente, revela la necesidad de compartir nuestros proyectos, ideas o pensamientos con la gente que nos rodea. En cambio, si está vacío, indica timidez extrema o egoísmo. Por otra parte, si el autobús se nos escapa, apunta a una esperanza de cambio frustrada o a la falta de recursos para salir de una situación complicada.

a

Autopsia: Éste sueño indica la necesidad de conocernos mejor para vivir de manera más armónica. Por tanto, deberíamos llevar a cabo un ejercicio de autocrítica.

Autoridad: Soñar con la autoridad hace referencia a los límites de nuestra libertad. Suele señalar la existencia de un conflicto.

Avalancha: Este tipo de sueño refleja los imprevistos que pueden surgir en nuestro camino. Si es una avalancha de tierra o piedras y salimos indemnes, recibiremos dinero en breve, pero si es de nieve, significa que nos sumergiremos en pasiones que nos reportarán gran satisfacción.

Averías: El tipo de avería marca el problema que tenemos en la vida real. Por ejemplo, una avería en el teléfono, indicaría la falta de comunicación.

Avión: Los sueños en los que aparecen aeronaves (aviones, avionetas, globos, naves espaciales, etc.) expresan un deseo de superación, la necesidad de elevarnos. En el plano profesional, ver que se eleva un avión refleja nuestro actual ascenso. Si éste se estrella, significa que estamos utilizando medios incorrectos. Soñar que volamos en un avión expresa el temor a que nuestros anhelos sean utópicos y no logremos realizarnos. (Ver *aterrizaje*).

Avispas: Las avispas que nos persiguen o nos pican anuncian pequeños problemas o aflicciones. Si en el sueño las matamos, superaremos los peligros con éxito.

> **SUEÑOS DEL AYER**
>
> Los sueños casi siempre hacen referencia a episodios, pensamientos o sensaciones del día anterior. Aunque parezcan triviales, la mente exagera detalles aparentemente sin importancia para captar nuestra atención.

Ayuno: Presagia problemas económicos causados por nuestra falta de previsión.

Azúcar: En general, el azúcar significa alegría. Anuncia suerte en los terrenos familiar y amoroso.

Azul: Es el color de la espiritualidad, la virtud, la verdad y la belleza. Simboliza nuestras emociones y sentimientos. Promueve la introspección y la sinceridad.

b

Baile: Bailar en sueños refleja la forma en la que nos movemos en nuestro entorno. Si en el sueño estamos bailando alegremente, significa que nuestra situación actual mejorará. Si bailamos con la persona que amamos, significa que nuestro amor es compartido y llegaremos a formar una sólida unión. No obstante, si estamos en un baile de disfraces, el sueño nos advierte que debemos ser más sinceros con nuestra pareja.

Bajar: Si soñamos que bajamos voluntariamente de un vehículo o de un lugar elevado, implica que hemos finalizado –o vamos a finalizar– una etapa de nuestra vida. Obtendremos la recompensa a nuestros sacrificios en breve. Si el descenso es involuntario, forzado o incontrolado, significa que estamos inmersos en una situación que se está deteriorando y que no sabemos cómo solucionar. (Ver *caer* y *escalar*).

Balanza: La balanza indica la necesidad de medir o revisar algún aspecto de nuestra personalidad o de nuestra vida. Puede apuntar a alguna decisión que debemos tomar y que nos preocupa. Ver una balanza vacía indica problemas de autoafirmación.

Balcón: Salir al balcón es símbolo de apertura hacia el exterior, hacia las posibilidades que nos ofrece la vida. Si soñamos que caemos de un balcón, significa que podríamos perder una gran oportunidad por falta de previsión o por actuar precipitadamente. Estar solo en un balcón presagia el reconocimiento de los méritos realizados.

Ballena: La ballena simboliza la fuerza gigantesca pero desinteresada. Por lo tanto, divisar una ballena augura un gran acontecimiento que cambiará algún aspecto de nuestra vida, ya sea en el ámbito personal o en el profesional.

Banco: Los bancos representan nuestra reserva de recursos y energía. Por ello, soñar que guardamos dinero, joyas o valores en un banco, expresa nuestra necesidad de protección ante problemas que se avecinan. En cambio, si sacamos dinero significa que tendremos la energía y seguridad suficientes para enfrentarnos a dichos problemas. Los bancos para sentarse nos invitan a hacer una pausa para reflexionar sobre alguna proposición. Si el banco es de madera o de hierro, la propuesta es engañosa. En cambio, si es de piedra, ésta será en firme y tendrá gran importancia.

Bandera: Ver en sueños una bandera ondeando augura riqueza, honores y éxito. Si la portamos o la divisamos en la cima de una montaña, significa que pronto alcanzaremos nuestros objetivos. Los colores de la bandera revelarán las características de nuestro éxito. Si se trata de la bandera de nuestro país, nuestros esfuerzos serán reconocidos; si es la de un país extranjero, significa que triunfaremos fuera de nuestra tierra. Por último, si es una bandera imaginaria, nuestros sueños sólo se realizarán en nuestra imaginación.

Banquete: Este sueño augura el inicio de nuevas relaciones, el reencuentro con familiares o nuevos contactos en el terreno profesional.

Bañera: El baño revela una necesidad de purificación y regeneración. Si el baño es agradable, significa que hemos alcanzando la armonía y obtendremos salud y prosperidad. Por el contrario, si el agua está demasiado caliente o fría, o está turbia, indica falta de honestidad en nuestros sentimientos.

Barandilla: Si la barandilla es sólida y está entera es símbolo de seguridad, ayuda y protección. Pero si en nuestro sueño aparece rota o amenaza con romperse, indica inseguridad a la hora de tomar decisiones profesionales.

Barba: Afeitarse la barba indica que estamos inmersos en una situación que requiere una acción directa y enérgica. Una barba larga y generosa es símbolo de sabiduría y creatividad. Cuanto más larga sea la barba, mayores serán las posibilidades de éxito en lo que nos propongamos. Si se trata de una barba negra, será un éxito material. En cambio, si es blanca, obtendremos prestigio y dignidad.

Barco: Soñar que hacemos una travesía en barco indica que hemos empezado una nueva etapa de nuestra vida o una nueva relación amorosa. Sin embargo, un barco que naufraga nos advierte del peligro de una ruptura sentimental inminente.

Barranco: Ver *abismo*.

Barreras: Los sueños en los que aparecen barreras, muros o barrotes anuncian la existencia de dificultades para alcanzar nuestros objetivos. Cuánto más sólida e impenetrable sea la barrera, mayores serán las dificultades que deberemos salvar.

Barril: Soñar con un barril suele augurar prosperidad y abundancia.

Barro: El barro es producto de la mezcla de la tierra (lo concreto y sólido) y el agua (los sentimientos) y se asocia a los deseos físicos de la persona que sueña. Por lo tanto, soñar que nos revolcamos en el barro, refleja nuestras ansias de vivir experiencias amorosas positivas. El barro, como materia prima, sugiere la capacidad de crear proyectos y augura éxitos.

b

Bastón: Un bastón puede servirnos como arma o para apoyarnos. En el primer caso, el sueño presagia separaciones y rupturas. Sin embargo, si el bastón en el sueño sirve de apoyo, simboliza una amistad sólida y provechosa. (Ver *armas*).

Bautizo: Asistir a un bautizo en nuestros sueños augura el nacimiento de un nuevo amor o de una relación totalmente renovada.

Bebé: Soñar con un bebé significa que nos sentimos felices y vivos, aunque también puede indicar el deseo de volver a nuestros orígenes y descubrir nuestra verdadera personalidad.

Beber: Si soñamos que bebemos agua para saciar nuestra sed, alcanzaremos salud y prosperidad. En cambio, si tomamos bebidas alcohólicas, significa que emplearemos nuestra creatividad. (Ver *sótano*).

Besar: Besar en sueños anuncia un acercamiento a la persona u objeto que recibe la acción.

Biblioteca: Una biblioteca vacía nos advierte que debemos adquirir mayores conocimientos o más experiencia para conseguir nuestros objetivos. Por el contrario, si la vemos repleta de libros indica que el éxito está asegurado.

Bicicleta: Los sueños en los que aparecen medios de transporte revelan la necesidad de relacionarnos con otras personas que están alejadas de nosotros. Sin embargo, a diferencia de otros medios de transporte, la energía que impulsa la bicicleta es personal y depende de nuestro esfuerzo. Por tanto, este sueño nos avisa de que no debemos esperar la ayuda de nadie. (Ver *autobús, avión, barco* y *coche*).

Bigote: La presencia de una persona con bigote en nuestros sueños nos advierte que debemos desconfiar de algo o alguien. Si es un desconocido, la advertencia atañe a las propuestas de trabajo o proyectos que recibamos en breve. No obstante, si somos nosotros los que llevamos bigote (siempre que no tengamos bigote en la vida real), el sueño indica que nos estamos engañando a nosotros mismos.

Bisturí: El bisturí nos insta a actuar con precisión, decisión y firmeza para poner fin a una situación o problema que nos preocupa.

Blanco: En los sueños, el color blanco puede simbolizar la vida o la muerte. En el primer caso, el blanco es símbolo de pureza, virginidad y esperanza. En el segundo caso, implica el final de un ciclo.

Boca: Si soñamos que nos lavamos la boca, significa que nuestras palabras no se corresponden con nuestros verdaderos sentimientos. Si vemos una boca carnal, indica el deseo reprimido de mantener una relación afectiva.

Bolsillos: Este sueño anuncia la aparición de imprevistos en un asunto que ya dábamos por finalizado.

Bolso: El bolso representa nuestros secretos más íntimos.

Si en el sueño abrimos el bolso y sacamos su contenido, indica que necesitamos expresar nuestras vivencias. Perder el bolso significa que alguien conoce esos secretos que mantenemos ocultos. Si nos lo roban, alguien está intentando entrometerse en nuestra vida.

Bosque: El bosque simboliza el inconsciente: las ansiedades, instintos y pasiones ocultas. Si experimentamos una sensación de paz y plenitud, significa que nos sentimos seguros y satisfechos con nosotros mismos. Por el contrario, si sentimos miedo o nos perdemos en el bosque, es señal de que tenemos demasiados temores y complejos.

Botella: Soñar con botellas llenas de agua es símbolo de prosperidad y alegría, pero si contienen vino o licor significa que nuestros sentimientos no son sinceros. Las botellas vacías anuncian desengaños amorosos, enfermedades o contratiempos en nuestros proyectos.

Brazalete: Ver *anillo*.

Brazos: Simbolizan la acción, la fuerza y la amistad. Soñar que nos falta un brazo refleja insatisfacción, ansiedad y timidez. Si nos faltan los dos, implica un grave problema afectivo.

Bruja: Para los niños y adolescentes, este sueño revela los deseos no cumplidos, además del temor a los aspectos desconocidos de la vida. No obstante, para un adulto, el sueño sugiere la posibilidad de que una persona cercana intente utilizarnos en su beneficio. Ver una bruja montada en la escoba augura el final de una etapa.

Búho: El búho y la lechuza nos advierten que debemos estar alerta y abrir bien los ojos, pues es posible que alguien intente engañarnos o prometa algo que no puede cumplir. Si el búho está posado en la rama de un árbol, pronto tendremos problemas; si lo vemos volando, aún tardarán en llegar. (Ver *alas* y *pájaros*).

C

Cabalgar: Cabalgar en sueños expresa la confrontación entre la mente y los instintos. Soñar que galopamos a rienda suelta significa que deberíamos das más libertad a los sentidos. Nuestro dominio del caballo indica nuestra capacidad para dominar nuestros sentidos.

Caballo: El caballo representa la fuerza de los instintos y la actividad sexual. (Ver *cabalgar*).

Cabaña: Soñar con una cabaña augura un período de paz y tranquilidad. No obstante, si este sueño lo tiene un adolescente, significa que todavía se niega a asumir sus responsabilidades.

Cabello: Ver en sueños un cabello largo y sano indica que nos sentimos capaces de alcanzar el éxito. Por el contrario, soñar que se nos cae el cabello refleja nuestro temor e inseguridad. No obstante, si en el sueño nos cortamos el pelo, significa liberación, renuncia y sacrificio.

Cabeza: La cabeza simboliza el alma y la inteligencia. Por ello, vernos con la cabeza cortada augura cambios positivos en nuestra vida y la liberación de nuestra capacidad creativa.

Cadáver: Soñar con un cadáver anuncia el fin de una etapa. También pone de manifiesto la existencia de una situación desagradable que amenaza con desestabilizar nuestra vida. El cadáver encarna lo corrupto, los odios y rencores que deberíamos enterrar.

Cadenas: Las cadenas simbolizan el orden lógico de los acontecimientos. En este sentido, el sueño nos invita a revisar el pasado para solucionar nuestros problemas presentes y futuros. También pueden indicar una falta de libertad, en cuyo caso tiene el mismo significado que el *anillo*.

Caer: Ver *abismo*.

Caja: Las cajas presagian abundancia, riqueza y felicidad si las vemos llenas, y pobreza y desgracias si las vemos vacías. Si es una caja de regalo, pronto veremos recompensados nuestros esfuerzos; si encierra secretos u objetos personales, indica que disponemos de muchos recursos para resolver nuestros problemas actuales.

Calle: Las calles simbolizan el camino que seguimos en nuestra vida cotidiana. Si son amplias y repletas de árboles, indica que estamos satisfechos del curso de la misma. Cuánto más estrecha sea la calle, más escasas serán nuestras alternativas. Si se trata de un callejón, es una clara advertencia de que la situación en la que nos hallamos no tiene solución.

Cama: La cama puede representar la necesidad de descanso o de relaciones sexuales. En el primer caso, soñar que estamos tumbados en la cama significa que tenemos un exceso de actividad en nuestra vida real y que deberíamos dedicar más tiempo a nosotros mismos y a nuestros seres queridos. En su vertiente sexual, una cama desproporcionadamente grande muestra una obsesión por el sexo; por el contrario, una cama pequeña indica desinterés.

Camisa: La camisa –dado que está continuamente en contacto con la piel– indica la necesidad de comunicación y afecto. Soñar que llevamos una camisa rota es señal de que sufrimos o sufriremos pérdidas sentimentales. Si está sucia, alguien nos engañará.

Caparazón: Simboliza la fecundidad y el erotismo. En la mitología, Venus o Afrodita surgen de un caparazón. Este sueño augura prosperidad, viajes, creatividad y placeres mundanos.

Carbón: El carbón simboliza la energía oculta que sólo se libera en contacto con el fuego. Este sueño nos invita a continuar pese a las adversidades, pues con esfuerzo y voluntad podremos liberar la energía que reside en nuestro seno.

Cárcel: Los sueños en los que aparece una cárcel o en los que nos sentimos aprisionados aluden a una limitación de nuestro potencial creativo. Nos aconseja reflexionar sobre las causas de nuestra reclusión.

Carnaval: El carnaval simboliza el placer y la liberación, pero también implica transformarse en alguien que no somos. (Ver *actor/actriz* y *maquillaje*).

Carro: El carro representa la naturaleza física del ser humano: el vehículo es el cuerpo; los animales que tiran de éste son las fuerzas vitales; las riendas, la inteligencia; y el conductor, la dimensión espiritual. El significado global del sueño es el mismo que para el *coche*.

Carta: Si la carta es de un amigo, necesitamos apoyo; si es de una empresa o institución, anhelamos cambiar de trabajo. Soñar que no recibimos cartas es un aviso para que nos pongamos en contacto con nuestros seres queridos, ya que puede ser que nos necesiten.

Cartera: Ver *bolso*.

Casa: La casa representa nuestra personalidad y nuestra situación actual. Por lo tanto, para conocer el significado de este sueño, debemos analizar sus detalles. El interior de la casa simboliza nuestro organismo: el comedor y la cocina representan el aparato digestivo; el dormitorio, el descanso y la actividad sexual; el cuarto de baño, los riñones y la limpieza –tanto física como mental. Los pisos altos serían la mente, mientras que la bodega representa el inconsciente. (Ver *balcón, cabaña, caverna* y *sótano*).

Casco: Llevar casco o caperuza denota la necesidad de protección y de pasar inadvertido. (Ver *actor/actriz*).

Castillo: El castillo es un símbolo derivado de los elementos *casa* y *colina*. En general, soñar con un castillo evidencia el deseo de aislarse. Si vemos el castillo desde fuera, significa que aún nos queda camino por recorrer. Finalmente, si soñamos que vivimos en su interior, obtendremos riqueza material o espiritual en breve.

Catástrofe: Las catástrofes simbolizan el ciclo vital de la muerte y la resurrección, y auguran un cambio en nuestra vida. El contexto del sueño revelará si dicho cambio será positivo o negativo. Cuanto más violenta sea la catástrofe, más importante será el proceso de renovación.

Caverna: La caverna representa el inconsciente, nuestro mundo subjetivo, las experiencias y conocimientos acumulados que nos permiten alcanzar la madurez. Por ello, es un sueño muy frecuente en la adolescencia. Lo que suceda en el interior de la caverna nos revelará qué aspectos de nuestro ser están madurando. (Ver *sótano*).

Caza: Soñar en una cacería manifiesta el deseo de evadirse de los problemas. Es un sueño muy frecuente en la adolescencia, ya que refleja la inquietud y ansias de aventuras propios de la edad.

Cementerio: Este tipo de sueño –además del temor a la muerte– evidencia que estamos atravesando un período de dudas e inseguridad. (Ver *tumba*).

Centinela: Este sueño nos advierte de que corremos el riesgo de sufrir un engaño en breve. Por ello, si vemos un centinela dormido significa que tendremos pérdidas económicas. En cambio, si el centinela está atento significa que sabremos manejar la situación. (Ver *búho*).

Cerradura: La cerradura indica que nos hallamos ante un problema, un cambio de situación o un dilema. Si podemos abrirla y seguir adelante, lograremos superar el problema, pero si no lo logramos, nuestros esfuerzos serán en vano. Si forzamos la cerradura, significa que queremos conseguir nuestros propósitos sin reparar en los medios. (Ver *puerta* y *umbral*).

SUEÑOS CÍCLICOS

La mayoría de las personas tienen sueños cíclicos, es decir, sueñan escenas similares en momentos similares de su vida. Para advertir e interpretar esas constantes es muy útil consultar el diario de sueños.

Cine: Ver *película*.
Ciprés: El ciprés y las coníferas simbolizan, en algunas culturas, la inmortalidad y la resurrección, pero en otras tam-

bién la muerte y la desgracia. La interpretación dependerá de las emociones que nos haya despertado el sueño.

Círculo: El círculo y la circunferencia encarnan la perfección y la eternidad. Soñar que estamos dentro de un círculo y que nos dirigimos a su centro revela un deseo de perfección o protección. Si la circunferencia es de fuego, el éxito está asegurado.

Clavel: Simboliza el amor y la pasión. Si es rojo, será un amor apasionado, si es blanco, será una relación fiel y desinteresada. Si es de color amarillo, significa celos.

Coche: Conducirlo implica que vamos a dar una nueva orientación a nuestra vida. Si lo conduce otra persona, es señal de que nos sentimos incapaces de decidir por nosotros mismos. También representa nuestro cuerpo, por lo que se puede establecer un paralelismo entre el estado de ambos: un coche en muy mal estado es un aviso de que debemos cuidar nuestra salud.

Cocinar: La cocina representa la alimentación y los recursos de la persona que sueña. Por ello, si está bien provista significa que nuestros objetivos se cumplirán a corto plazo. Si soñamos que la comida se quema es que aún no estamos preparados para triunfar en la vida. (Ver *casa*).

Cofre: Ver *armario*.

Cojera: Soñar que estamos cojos augura retrasos e impedimentos en nuestros proyectos.

Colina: Soñar que subimos una colina presagia éxito. En cambio, si caemos rodando antes de alcanzar la cima, es señal de que no lograremos cumplir nuestros objetivos. Si nos vemos en la cima significa que muy pronto alcanzaremos nuestra meta; si estamos recostados en la ladera, necesitaremos el apoyo de un amigo para conseguirlo. (Ver *escalar*).

Colmena: La colmena representa la comunidad y el orden. Por ello, si el sueño es agradable, significa que nos sentimos apoyados por nuestra familia y amigos. Por lo contrario, si las abejas se muestran amenazadoras, quiere decir que carecemos de un espacio propio para la reflexión.

Colores: Los colores que aparecen en los sueños complementan el significado de los mismos. (Consultar los distintos colores)

Columna: Simboliza el apoyo y la estabilidad. Dos columnas representan los opuestos equilibrados: la pareja, el matrimonio, el pensamiento y la acción. En los sueños espirituales, las dos columnas simbolizan la estabilidad, y el hueco entre ambas, la entrada a la eternidad.

Comer: Si el sueño no se debe a causas puramente biológicas (el hambre), revela una insatisfacción de orden psíquico, intelectual, emocional, afectivo, profesional o social. La interpretación, en este caso, dependerá de lo que nos digan los detalles. Por ejemplo, soñar que comemos

C

o tragamos algo que no nos gusta sin masticar, indica que estamos ante una situación desagradable que no queremos aceptar.

Cometa: Un cometa surcando el cielo augura relaciones afectivas fugaces y situaciones o proyectos poco estables. Si se trata de una cometa, su vuelo marcará la marcha de estas relaciones o proyectos.

Conejo: Debido a su extraordinaria fecundidad, se asocia a la sexualidad y refleja nuestros deseos eróticos.

Copa: El símbolo de la copa se remonta a la antigüedad –el Santo Grial– y forma parte del inconsciente colectivo. La copa simboliza el corazón humano y, como tal, el amor, el destino y la vida. Por ello, brindar con una persona representa el deseo de compartir amor y felicidad, beber en la misma copa simboliza la unión, mientras que romperla indica ruptura. (Ver *agua* y *beber*).

Corazón: El corazón simboliza la vida y el sentimiento. Según sea su aspecto en nuestros sueños, así serán nuestras relaciones afectivas (Ver *copa*).

Cordero: Representa la ingenuidad y la inocencia, así como la sumisión y la ignorancia.

Corona: Ser coronado indica triunfo y superación. Si se trata de una corona de flores, augura placer; si es de azahar, matrimonio; de hiedra, amistad; de laurel, triunfo; de oro, dignidad; de olivo, sabiduría; y de espinas, sacrificio.

Correr: Soñar que corremos sin alcanzar la meta revela que estamos angustiados o estresados. No obstante, si la sensación es agradable, augura éxito y riqueza. (Ver *ahogarse*).

Cortar: Ver *bisturí*.

Crecer: Si soñamos que un objeto, planta, animal o persona crece repentinamente, significa un aumento de valor para nosotros. Si somos nosotros los que crecemos, nuestra situación actual mejorará.

Cristal: Representa el espíritu y el intelecto, pero también, por su transparencia, la sinceridad.

Cruz: La cruz es un símbolo altamente significativo para todas las culturas. En general, representa los cuatro puntos cardinales y el cuerpo humano con los brazos extendidos. Para una persona creyente también puede simbolizar el sacrificio.

Cruzar: Este sueño nos advierte que aún debemos sortear algún obstáculo para alcanzar el éxito. Si cruzamos una calle, el obstáculo es de orden social. Si es una barrera natural, se trata de un problema interno. Si aparece un río, el obstáculo son las emociones.

Cuadro: Los cuadros simbolizan nuestra imaginación. Por lo tanto, lo que veamos en ellos expresa nuestros proyectos y la percepción que tenemos del mundo.

Cuerda: La cuerda puede poner de manifiesto el deseo de elevarse espiritualmente o de ascender social o profesionalmente. Sin embargo, si la cuerda nos ata y nos aprieta, significa que tenemos miedo a enfrentarnos a los problemas. Asimismo, atar objetos o personas indica sentimientos reprimidos.

Cuerno: Los cuernos representan la fuerza, la fertilidad y la paciencia, aunque si son de carnero apuntan a actitudes hostiles.

Cuerpo: Si soñamos que nuestro cuerpo está manchado, significa que tenemos problemas morales o económicos. Si está hinchado, aumentarán nuestros recursos; pero si está delgado o mermado, el sueño augura enfermedades o pérdidas económicas. Si nos vemos en dos lugares a la vez, es señal de que mantenemos una relación afectiva con dos personas. Un cuerpo dividido en dos indica separación de bienes.

Cuervo: En la antigüedad, se consideraba un mensajero de los dioses; sin embargo, en nuestros días, es signo de desgracias y muerte.

Cueva: Ver *caverna* y *sótano*.

Cuna: Una cuna vacía refleja nostalgia, inseguridad e insatisfacción con uno mismo. En cambio, mecer a un niño es signo de felicidad en el amor.

d

Dados: Representan el azar. Si nos infunden un estado de ánimo positivo, debemos confiar en la suerte o en el destino; si nos producen angustia, significa de que no debemos dejarnos arrastrar por los acontecimientos. Si logramos vislumbrar algún número, podemos consultar su significado en *números*.

Dedos: Soñar con unos dedos amenazadores quiere decir que que somos demasiado agresivos y podemos herir a los demás. En cambio, si están acariciando, significa que nuestros argumentos seducirán y convencerán incluso a nuestros adversarios.

Deformidad: Un miembro deforme refleja un sentimiento de atracción o repulsión hacia algún aspecto de nosotros mismos. (Ver *crecer* y *jorobado*).

Delantal: Si soñamos que está limpio, es un buen augurio; si está sucio, augura problemas y discusiones.

Delfín: Encarna la alegría, la rapidez, la sinceridad y el amor desinteresado. Soñar con delfines augura que pronto alcanzaremos nuestra meta, ya sea material o espiritual.

Depósito: Ver *acumular*.

Desaparición: Si un objeto o persona desaparece bruscamente, sufriremos una desilusión.

ÍNTIMOS DESCONOCIDOS

Soñar con desconocidos es un modo de enfrentarnos a nosotros mismos. Estos seres extraños reflejan aspectos ocultos de nuestra personalidad -muchas veces rechazados por la mente consciente- por lo que merece la pena prestarles atención y descifrar su mensaje.

Desgarrar: Rasgar o desgarrar la ropa augura dolor y sufrimiento. No obstante, si rasgamos un papel, significa que nos perdonarán nuestros errores.

Desierto: Soñar que estamos perdidos en el desierto revela soledad y falta de motivación. Tal vez queramos recibir pero seamos incapaces de dar. El color, la luz y el aire característicos del desierto simbolizan el pensamiento. (Ver *aire*, *amarillo* y *arena*).

Desnudez: La desnudez, si se experimenta como vergüenza, revela angustia y estrés, normalmente causados por el miedo a la opinión de nosotros que tienen los demás. En

d

cambio, si en el sueño la vivimos con naturalidad y sensualidad, expresa lo contrario: liberación, emancipación y seguridad en nosotros mismos. Por supuesto, en gran número de casos también puede tener un sentido estrictamente sexual.

Desván: El desván representa el inconsciente –el lugar donde se almacena el material que no se puede utilizar– y apunta a la necesidad de revisar nuestras creencias o prejuicios. (Ver *casa*, *caverna* y *sótano*).

Diablo: El diablo simboliza los miedos irracionales y los remordimientos. También representa los deseos reprimidos y nuestra curiosidad innata.

Diamante: Soñar con diamantes augura prosperidad y éxito, fruto de nuestro esfuerzo y constancia.

Diario: Ver *escuela*.

Dibujo: Los dibujos son nuestros planes o proyectos. Por ello, cuánto mayor sea el grado de belleza y precisión, mayores serán las posibilidades de éxito.

Diccionario: Ver *biblioteca*.

Dientes: Soñar que perdemos algún diente es signo de temor e inseguridad. Augura pérdidas económicas, abandono familiar o un fracaso amoroso.

Dificultades: Soñar con dificultades es un buen presagio, pues significa que alcanzaremos el éxito mediante el esfuerzo y la superación personal.

Dinero: Simboliza todo lo que deseamos íntimamente, pero reprimimos. Por ello, es frecuente que este tipo de sueños se refieran a amores ilícitos. Si soñamos que alguien a quien conocemos nos roba dinero, significa que hemos exagerado nuestros sentimientos hacia esa persona.

Dios: Es un sueño muy poco frecuente y suele expresar seguridad en uno mismo o paz interior.

Disfraz: Ver *actor/actriz*.

Divorcio: Este sueño revela que hay una división entre la mente y el corazón. Nos invita a poner en orden nuestros sentimientos.

Domar: Refleja la necesidad de tomar el mando, de controlar nuestros sentimientos y circunstancias con firmeza y seguridad.

Dormir: Vernos dormidos indica una falta de atención en la vida real. No estamos cumpliendo con los compromisos adquiridos.

Dragón: El dragón es un resumen de todos los animales peligrosos –tanto reales como fantásticos. Por ello, es el enemigo primordial y luchar contra él representa nuestro esfuerzo por superarnos y alcanzar nuestras metas vitales. (Ver *animales*, *diablo* y *domar*).

Duelo: Ver *divorcio*.

e

Eclipse: Augura dificultades. Éstas serán mayores si se trata de un eclipse de sol. (Ver *barreras* y *dificultades*).

Ejército: Simboliza nuestros colaboradores o amigos; dependiendo del aspecto que ofrezca el ejército, sabremos hasta qué punto podemos confiar en ellos.

Embarazo: Representa los recursos que poseemos en nuestro interior y que tal vez no estemos aprovechando.

Enanos: Encarnan la sabiduría ancestral. No obstante, si nos vemos a nosotros mismos convertidos en enanos, significa falta de rendimiento y desaprovechamiento de nuestros recursos.

Encina: Simboliza la sabiduría y la fuerza, tanto física como moral.

Encrucijada: Este sueño nos advierte que tendremos que elegir entre varios caminos o posibilidades. (Ver *cruz*).

Encuentro: Ver *hallazgo* y *entrelazar*.

Enemigos: Soñar que los vencemos es señal de que hemos tomado la determinación de actuar en la vida real. Si sólo hablamos con ellos, intentaremos solucionar las cosas de manera pacífica y reflexiva. Si el enemigo nos ataca y no combatimos, significa pasividad y conformismo.

Enfermedad: Si soñamos que enfermamos, quiere decir que debemos regenerar nuestras energías, sentimientos o pensamientos. Soñar que alguien conocido está enfermo indica una relación emocional con dicha persona. (Ver *cama*).

Enfermera: La presencia de un enfermero o enfermera en un sueño significa que pronto recibiremos la ayuda de un amigo.

Engordar: Ver *crecer* y *deformidad*.

Entrelazar: Este sueño revela el deseo de establecer una relación estrecha con alguna persona o actividad. (Ver *atar*).

Entierro: Ver *cementerio*, *funeral* y *muerte*.

Equipaje: Simboliza los cambios y lo que consideramos imprescindible para desenvolvernos en la vida. Perder el equipaje evidencia el temor a no realizar nuestros proyectos. Si es demasiado pesado y nos cuesta arrastrarlo, indica que necesitamos soltar lastre, sea en el nivel material o en el mental.

Ermitaño: Si el ermitaño se encuentra en un ambiente soleado y tranquilo, el sueño augura trabajo paciente y

e

adquisición de conocimientos. Por el contrario, si aparece en un ambiente nocturno o tenebroso, anuncia un trabajo pesado e ingrato. (Ver *desierto*).

Escalar: En general, representa los problemas que hay que superar en el futuro inmediato. La dureza de la cuesta indica el grado de dificultad con el que nos enfrentamos. (Ver *acera, bajar* y *colina*).

Escapar: Ver *abandonar*.

Escoba: El acto de barrer implica un deseo de purificación en el trabajo, en las relaciones o en uno mismo. Invita a afrontar los problemas y buscar soluciones.

Escorpión: Soñar con la picadura de un escorpión es una advertencia de que tenemos un conflicto interno que nos está envenenando.

Escuela: Indica que el sujeto se halla ante alguna prueba o situación difícil. Invita a aprender y a aceptar las lecciones que imparte la vida. (Ver *examen*).

Escultura: Soñar que esculpimos una figura revela el deseo de dirigir o educar a alguien. Verse convertido en estatua, en cambio, indica falta de vitalidad e iniciativa.

Esmeralda: Simboliza el conocimiento supremo, adquirido por la contemplación de los ciclos de la naturaleza y la vida.

Espada: Refleja nuestros pensamientos más poderosos. Blandirla o empuñarla augura éxito y poder, mientras que llevarla ceñida a la cintura revela inseguridad a la hora de tomar decisiones. Según el contexto del sueño, también puede tener un significado sexual.

Espalda: Simboliza la fuerza física y la resistencia, excepto si se encuentra curvada, en cuyo caso revela debilidad de carácter.

Espejo: En general, señala una falta de comunicación de la persona con su mundo interior. Cuando el espejo aparece roto o refleja la imagen de otro, debemos esperar alguna desgracia. Finalmente, también puede mostrar una imagen distorsionada que exagere nuestros defectos o virtudes. (Ver *crecer* y *deformidad*).

Espiga: Las espigas doradas representan la fertilidad, la madurez y la sabiduría natural.

Estación: Es un lugar de paso con múltiples opciones. Está relacionada con los viajes, con la transformación y con nuestros proyectos vitales. (Ver *autobús, avión, barco, calle, cruz* y *encrucijada*).

Estaciones: Ver *invierno, primavera, otoño* y *verano*.

Estantes: Verlos repletos augura grandes oportunidades de incrementar nuestros bienes, ya sean materiales o espirituales. Los estantes vacíos nos advierten de que tendremos pérdidas o frustraciones.

Estatua: Ver *escultura*.

Estiércol: Ver *excrementos*.

Estómago: Si el sueño no tiene un origen fisiológico, evidencia preocupaciones. (Ver *comer* y *casa*).

Estrellas: Simbolizan los ideales y esperanzas. Soñar con ellas augura riqueza y felicidad. (Ver *ángeles*).

SEÑALES DE ESTRÉS

Hay determinados símbolos oníricos que expresan nuestro nivel de estrés en el lenguaje especial de los sueños: la muerte, enfermedades, perder el tren o el autobús, o ir al trabajo sin alguna pieza de ropa.

Examen: Revela falta de confianza y dudas respecto a nuestra situación actual. (Ver *escuela*).

Excrementos: Suelen asociarse al dinero y la riqueza. Por otra parte, soñar con estiércol o abono augura suerte y dinero.

Extranjero: Ver *aduana* y *estación*.

f

Fábrica: Simboliza la situación laboral de la persona. Por ello, soñar que trabajamos en una fábrica indica un incremento de nuestros recursos, mientras que si soñamos que está vacía o abandonada, augura dificultades e incluso pérdida del trabajo.

Fantasma: Soñar con un fantasma de sábana blanca augura salud y bienestar, pero si aparece con ropas negras, alguien nos intentará engañar.

Faro: Anuncia una ayuda, así como el inicio de un nuevo ciclo en nuestra vida.

Fecha: Siempre hay que apuntar las fechas que aparecen en los sueños, ya que suelen guardar relación con sucesos importantes.

Fiebre: Ver *enfermedad*.

Flagelación: Este sueño revela sentimientos de culpa que hay que superar.

Flecha: Disparar una flecha revela precisión en nuestras acciones y proyectos. Aunque augura éxito, nos advierte que aún debemos esperar. Soñar que no damos en el blanco o que la flecha está torcida indica que las circunstancias no son las adecuadas. Por otra parte, si la flecha nos hiere, tendremos problemas afectivos.

Flores: En general, soñar con flores augura el inicio de una nueva relación sentimental. No obstante, si están marchitas, se acercan desengaños y desilusiones.

Fortaleza: Ver *castillo*.

Fotografías: Contemplar fotografías antiguas revela ataduras con el pasado y una actitud pesimista ante la vida. En cambio, retratar a una persona evidencia sentimientos hacia ésta. Si nos vemos retratados, el sueño equivaldrá al de *espejo*.

Frente: Ver a alguien con una frente amplia significa que se trata de una persona seria, inteligente y de confianza. Sin embargo, si su frente está cubierta de manchas, nos intentará traicionar.

Fresas: Comer fresas en sueños augura el inicio de una relación afectiva. Sin embargo, si las vemos pero no las comemos, es señal de que reprimimos nuestros instintos y sentimientos. (Ver *fruta*).

Frío: Si el sueño es agradable, refleja un anhelo de soledad, aislamiento y elevación. En caso contrario, indica falta de cariño y poca iniciativa. (Ver *ermitaño, hielo, invierno* y *norte*).

Frontera: Ver *aduana*.

Fruta: En general, las frutas revelan un deseo o apetito, ya sea afectivo, sensual, económico o espiritual. Por lo tanto, auguran abundancia, prosperidad y placer. No obstante, si la fruta estuviera ácida o verde, aún tardaremos en disfrutar de los bienes y, si tiene gusanos o está podrida, alcanzaremos los placeres cuando ya no podamos disfrutarlos. (Consultar las diferentes frutas).

Fuego: Soñar con un fuego acogedor refleja nuestro deseo de tener un amor o amistad duradera y augura éxito, salud y felicidad. Sin embargo, un fuego que produce demasiado humo anuncia traiciones y problemas. Si las llamas nos amenazan, es que tememos enfrentarnos a un problema o proyecto. Avanzar entre las llamas sin quemarse indica firmeza y capacidad para superar los obstáculos, así como un ardiente deseo de alcanzar la meta. (Ver *hoguera, quemaduras, rojo* y *soplar*).

Fuente: Soñar en una fuente suele augurar satisfacciones, amor y, en general, felicidad. El aspecto que ofrezcan sus aguas revela el estado de nuestras relaciones afectivas. Si bebemos de una fuente de agua clara, indica que saciaremos nuestras necesidades físicas, espirituales o afectivas y lograremos el éxito. En cambio, si la fuente está seca o sus aguas están turbias, es señal de que nuestro amor se está marchitando. (Ver *agua* y *Dios*).

Funerales: Simbolizan el renacimiento, pues todo final da origen a un nuevo inicio. Augura la superación del dolor y nos insta a confiar en el futuro. (Ver *cementerio* y *muerte*).

g

Gacela: Simboliza el alma o, más frecuentemente, la mujer. Nuestra actitud frente a la gacela es indicativa de nuestras relaciones afectivas.

Gafas: Soñar que llevamos gafas graduadas indica que nuestra visión de la realidad es incorrecta. Si son gafas oscuras, significa que intentamos evadirnos de los problemas. (Ver *ojos* y *venda*).

Gallina: La presencia de una gallina en nuestros sueños presagia malas intenciones y rumores a nuestras espaldas. En cambio, si la gallina pone un huevo, obtendremos pequeños beneficios en breve.

Gallo: El gallo anuncia el amanecer, por lo que es un símbolo del renacer. Por ello, soñar que canta augura buenas noticias y el inicio de una nueva etapa en nuestra vida. No obstante, si el gallo nos ataca o lo vemos pelear, tendremos problemas con nuestros seres queridos.

Ganado: Soñar con ganado de cualquier clase augura riqueza y abundancia. Cuanto mayor sea el rebaño, mayor será la riqueza. (Ver *rebaño*).

Gato: Es un símbolo del eterno femenino. Por ello, soñar que un gato busca nuestras caricias augura que alguien nos intentará seducir. Si nos araña, debemos esperar celos o envidias profesionales.

Gemelo: Soñar con una persona exactamente igual a nosotros revela problemas de identidad y falta de armonía.

Gente: La gente suele representar distintas facetas de la persona que sueña, a menudo también deseos o impulsos ocultos.

Germinar: Ver cómo germina una planta es un buen presagio y augura que los proyectos se realizarán en breve. (Ver *agricultura*).

Gigante: Un gigante bondadoso refleja los aspectos positivos de nuestra personalidad. Disponemos de muchos recursos para afrontar los problemas. Por el contrario, si el gigante nos aterroriza, significa que tenemos una visión desproporcionada de dichos problemas. Por último, si el gigante es un ser querido, el sueño revela nuestro amor y admiración por esa persona.

Gimnasia: Soñar que se practica gimnasia augura salud, pero siempre que explotemos correctamente nuestras posibilidades físicas y mentales.

g

Girasol: Este sueño nos advierte de que conseguiremos alcanzar el éxito, pero que éste tendrá poca duración.

Globo: La presencia de un globo terráqueo en nuestros sueños anuncia viajes en breve, aunque también puede revelar una desmesurada ansia de poder. Si es un globo aerostático o uno de juguete, el sueño revela la falta de constancia en nuestros pensamientos y deseos. Si volamos en globo, significa que estamos atravesando un buen momento personal, pero no deberíamos apartar los pies de la realidad.

Golondrina: Verla llegar presagia noticias; si anida en nuestra casa, tendremos paz y felicidad; pero si parte hacia otras tierras, algún familiar marchará por algún tiempo.

Golpes: Simbolizan las contrariedades que tendremos que soportar o que causaremos a los demás. Soñar que nos golpeamos contra algo indica que nuestros actos e ideas son incoherentes.

Gorilas: Representan nuestros instintos, así como los impulsos sexuales. Su actitud hacia nosotros revela el grado de represión.

Granja: Simboliza nuestros negocios y bienes. Si paseamos y descansamos en la misma sin apenas trabajar, quiere decir que tenemos buena salud. Sin embargo, soñar que sólo estamos de visita es una advertencia para que revisemos nuestra economía.

Grieta: Anuncia pérdidas económicas y un desequilibrio interno. Deberíamos revisar nuestros propósitos, principios y sentimientos, ya que no estamos siendo consecuentes con nosotros mismos. (Ver *casa* y *enfermedad*).

Grillo: Soñar con el canto de los grillos revela que estamos atravesando un período de paz y tranquilidad.

Gris: Revela un estado de angustia, miedo, abatimiento y dolor. Una niebla grisácea simboliza el inconsciente y todos los sentimientos reprimidos o aspectos ocultos que se resisten a salir a la luz.

Gritar: Oír gritar en sueños es una advertencia de que corremos peligro. Si queremos gritar pero no podemos, el peligro será grave y personal. (Ver *voz*).

Guadaña: Simboliza tanto la recolección de la cosecha como la muerte. Por ello, la presencia de una guadaña en nuestros sueños augura el final de una situación o etapa y el inicio de otra.

Guantes: Soñar que llevamos o compramos unos guantes nuevos refleja satisfacción por las obras realizadas. Si son blancos, indican pureza de sentimientos; si están en mal estado, anuncian contrariedades; si caen al suelo, disputas; si los perdemos, nos llegará una buena oportunidad pero la dejaremos escapar; si sólo llevamos uno, debemos ser prudentes a la hora de tomar decisiones. (Ver *manos*).

Guerra: Este sueño puede simbolizar la inseguridad y el miedo que sentimos ante los acontecimientos de la vida. También indica que debemos prestar atención a nuestros conflictos interiores. (Ver *armas, ejército* y *enemigos*).

Guitarra: Simboliza la sensualidad y el cuerpo de la mujer. Puede augurar éxito amoroso.

Gusano: Las orugas encarnan la capacidad de transformación y la elevación desde la tierra hasta el cielo. Por ello, este símbolo augura riquezas, ya sean económicas o espirituales. No obstante, los gusanos de la podredumbre revelan falta de sinceridad y honradez, ya sea de alguien cercano o de nosotros mismos.

h

Habitación: Representa nuestro cuerpo físico. Por lo tanto, una habitación agradable y acogedora augura bienestar y serenidad; pero si no tiene puertas ni ventanas refleja aislamiento, falta de comunicación, miedo e inseguridad. (Ver *casa*).

Hablar: Pronunciar largos discursos durante todo el sueño expresa la necesidad de entablar comunicación con nosotros mismos. Por otra parte, si no entendemos las palabras que oímos o, incluso, las que pronunciamos, significa que nos hemos distanciado excesivamente de los demás. (Ver *boca, gallina, gritar* y *lengua*).

Hacha: Este antiguo símbolo encarna el poder y la autoridad. (Ver *guadaña*).

Hadas: Las hadas auguran un período de felicidad e instan a que el sujeto utilice su creatividad para acometer proyectos que parecían irrealizables. Sin embargo, también pueden expresar las aspiraciones frustradas y la huida de la realidad. (Ver *brujos*).

Halcón: El halcón y el gavilán simbolizan la elevación espiritual, moral o intelectual. Un halcón atrapando una presa suele interpretarse como la victoria del espíritu sobre los deseos concupiscentes. Si lo vemos volando indica que pronto nos hallaremos ante un proyecto de gran envergadura que no debemos dejar escapar. (Ver *águila* y *flecha*).

Hallazgo: Anuncia acontecimientos inesperados, frecuentemente de carácter muy positivo.

Hambre: Expresa la insatisfacción que domina algún aspecto de nuestra vida. (Ver *comer*).

Harapos: Verse vestido con harapos indica decadencia moral y abandono de las ilusiones. No obstante, si el sueño transmite una sensación agradable, revela la superioridad del intelecto sobre el mundo material. (Ver *ropa*)

Harén: Este sueño suele relacionarse con los apetitos sexuales, y refleja los deseos reprimidos, así como los complejos del individuo.

Harina: Simboliza la riqueza. Su presencia en nuestros sueños augura que no nos faltarán recursos.

Hemorragia: Ver *enfermedad*.

Herencia: Soñar que recibimos una herencia augura que pronto veremos recompensados todos nuestros esfuerzos y sacrificios.

h

Herida: Este sueño revela heridas psíquicas (en nuestro orgullo y dignidad) y el temor a que sean descubiertas por los demás. (Ver *grieta*).

Hermanos: En los sueños, es común encontrar reflejado en los hermanos (aunque no los tengamos en realidad) todos aquellos rasgos o defectos que no aceptamos en nosotros mismos. (Ver *dedos*).

Herramientas: Las herramientas suelen evocar actividades que hemos dejado pendientes y a las que deberíamos dedicar más tiempo.

Herrero: Simboliza la acción de forjar el propio destino mediante el esfuerzo y la constancia. (Ver *hierro*).

Hiedra: Encarna principalmente la amistad y el amor sincero y duradero.

Hielo: La presencia del hielo en nuestros sueños indica poco entusiasmo y rigidez de sentimientos. (Ver *frío*).

Hierba: Soñar que estamos tendidos sobre la hierba revela la necesidad de recuperar el contacto con nosotros mismos. Sentirla bajo nuestros pies augura el inicio de una relación afectiva muy positiva. En cambio, si aparece seca o marchita indica que estamos perdiendo las ilusiones o incluso el amor.

Hierro: Suele asociarse a la violencia y las armas. En los sueños, apunta al poder adquirido por medio de la fuerza. (Ver *herrero*).

Higuera: Este árbol encarna la abundancia, la fertilidad, la sensualidad y los deseos sexuales. La presencia de una higuera en nuestros sueños nos advierte que necesitamos hacer una pausa en nuestra vida y disfrutar de los dones que la vida nos ofrece. Los higos auguran beneficios y alegría. (Ver *fruta*).

Hilo: Soñar con un hilo que no tiene fin augura salud y muchos años de vida, pero si está roto, es señal de enfermedades o problemas físicos. La misma interpretación es aplicable a nuestras relaciones afectivas o al trabajo. Por otra parte, los hilos de metales nobles –como el oro y la plata– anuncian éxitos obtenidos mediante la inteligencia, la sutileza y la diplomacia.

Hoguera: Revela la necesidad de quemar los recuerdos, prejuicios y todo aquello que suponga un lastre para nuestra evolución. (Ver *fuego*).

Hojas: Las hojas verdes auguran prosperidad, mientras que las que están secas o marchitas presagian problemas y enfermedades.

Hombre: Si soñamos con un hombre desconocido, la interpretación dependerá de su aspecto y edad. Un hombre joven suele augurar disputas (independientemente del sexo de la persona que sueña), mientras que un anciano indica que pronto recibiremos la protección y los consejos de un amigo.

h

Hombros: Si son anchos y fuertes reflejan satisfacción, éxito y confianza en nosotros mismos. Por el contrario, si son estrechos y débiles, indican falta de vitalidad, pesimismo e insatisfacción afectiva.

Homicidio: Ver *asesinar*.

Honda: Simboliza la fuerza del débil que puede vencer al poderoso. Nos anima a tener más confianza en nosotros mismos.

Hormigas: Representan el trabajo organizado y la previsión. Sin embargo, soñar en una invasión de hormigas augura problemas graves.

Hospital: Este sueño suele reflejar nuestro temor a la enfermedad o al aislamiento, aunque también puede ser una advertencia para no proseguir con algún asunto comenzado recientemente.

Hotel: Soñar que vivimos en un hotel revela el deseo de hacer una pausa en nuestra rutina. Si nos perdemos en su interior, significa que nos sentimos decepcionados e incomprendidos.

Hoz: Ver *guadaña*.

Huerto: En un nivel simbólico, el huerto encarna nuestros esfuerzos y retribuciones. (Ver *agricultura*).

Huesos: Soñar con huesos augura problemas, contratiempos y desilusiones. En general, indica que estamos atravesando un periodo de pesimismo y abatimiento.

Huevos: Simbolizan la fecundidad, la renovación periódica de la naturaleza. Por ello, este sueño augura riqueza y prosperidad. No obstante, si los huevos están rotos, es señal de que tenemos miedo a que nuestros proyectos o relaciones afectivas no lleguen a buen fin.

Humo: Soñar que el humo nos impide ver o respirar revela un estado de confusión. Sin embargo, si en nuestros sueños aparece una columna blanca que se eleva hacia el cielo, esto significa que estamos evolucionando espiritualmente.

Huracán: Apunta a un gran obstáculo que deberemos superar. (Ver *abismo* y *aire*).

i

Ídolo: Ver *aclamación* y *acróbata*.

Iglesia: Soñar que nos encontramos en una iglesia vacía indica una necesidad de recogimiento y reflexión. Si, por el contrario, está repleta de gente, el sueño nos insta a confiar más en los demás. (Ver *autoridad* y *castillo*).

Incendio: Ver *fuego* y *hoguera*.

Incesto: Es un sueño poco frecuente, pues el inconsciente tiende a encubrirlo con símbolos menos evidentes. Revela una dependencia muy fuerte hacia la madre y miedo a separarse de ella. (Ver *asesinar* y *sexo*).

Infidelidad: Ver *adulterio*.

Infierno: Simboliza los impulsos reprimidos. Por ello, soñar con el infierno denota un sentimiento de culpa o terror por alguno de nuestros actos o pensamientos. No es un sueño negativo, pues cumple la función de liberar nuestra mente de esa carga. (Ver *abismo, diablo, flagelación* y *fuego*).

Inmovilidad: Soñar que no podemos movernos, por más que lo intentemos, puede señalar un complejo de inferioridad. Sin embargo, también puede ser una advertencia para que no nos detengamos en la vida real y luchemos por nuestros proyectos. (Ver *amputación*, *correr* y *dificultades*).

Insectos: Representan nuestro miedo, resentimiento y desprecio hacia los demás. Soñar que los insectos invaden la casa señala que tememos los rumores. Un insecto gigante indica que una persona nos oprime, tal vez un padre o un jefe autoritario. (Ver *abeja*, *avispa* y *hormigas*).

Inundación: Soñar con una inundación indica que una emoción demasiado intensa nos ha desbordado. (Ver *agua* y *ahogarse*).

Invierno: Representa el aislamiento, la esterilidad y el descanso. Este sueño puede augurar una etapa de pérdidas o de reflexión. (Ver *desierto*, *frío* y *hielo*).

Invisibilidad: Soñar que somos invisibles ante los demás denota inseguridad y falta de confianza en nuestras posibilidades. (Ver *desaparición*, *humo* e *inmovilidad*).

Invitación: Recibir una invitación puede anunciar una unión importante, ya sea profesional o afectiva.

Isla: Simboliza la salvación y la seguridad, pero también el aislamiento. Si huimos de nuestros enemigos y nos refugiamos en una isla, es que tememos enfrentarnos a nuestros problemas. Si naufragamos, el sueño augura precariedades o pérdidas en el plano afectivo. (Ver *abandonar, agua, castillo* y *ermitaño*).

j

Jabalí: En los sueños, representa a un peligroso enemigo. Si nos ataca, es señal de que nos estamos dejando llevar por la agresividad; pero si no llega a atacarnos, significa que alguien intentará engañarnos.

Jabón: Soñar que nos lavamos con jabón indica que necesitamos depurar ciertos aspectos de nuestra personalidad; si lavamos ropa o alguna prenda personal, son nuestras relaciones afectivas las que necesitan limpieza; pero si sólo vemos el jabón, nuestros problemas se aclararán en breve.

Jardín: Suele simbolizar el mundo interior de la persona que sueña. Por lo tanto, si está bien cuidado, expresa un estado de paz y armonía, mientras que si está abandonado, indica dejadez y falta de ambición. (Ver *flores* e *isla*).

Jaula: Presagia amistad y amor si tiene un pájaro en su interior, y desengaños si está vacía. Verse enjaulado es señal de represión de los sentimientos. (Ver *ahogarse* y *cárcel*).

Jorobado: Este sueño suele tener un significado muy positivo, pues indica suerte, fuerza física y resistencia. (Ver *deformidad* y *espalda*).

Joyas: La aparición de joyas en los sueños es una advertencia para que desconfiemos de las apariencias, ya que detrás de una imagen atractiva se esconde una situación engañosa que puede entrañar peligro. Si las llevamos puestas, seremos víctima de rumores; si están sucias, indican problemas económicos; las joyas rotas reflejan frustración. (Ver *maquillaje*).

Juego: Soñar con juegos infantiles revela el deseo de escapar de las responsabilidades actuales; si son juegos de salón, nuestras relaciones sociales son superficiales; los juegos de azar auguran pérdidas y decepciones

Junco: Simboliza la docilidad y la inconstancia. Su presencia en nuestros sueños puede indicar que hallaremos una salida a nuestros problemas, pero también puede señalar que no somos capaces de mantener nuestra palabra.

Juramento: Realizar un juramento en sueños revela falta de confianza en el cumplimiento de los compromisos adquiridos, también si son de orden sentimental.

Justicia: Soñar con un juez revela nuestro deseo de recibir ayuda; si somos juzgados, nos sentimos en manos del azar; pero si somos nosotros los que juzgamos a otros, significa que nuestro problema es la indecisión. (Ver *balanza*).

Juventud: Soñar que somos jóvenes, independientemente de nuestra edad real, refleja nuestras ansias de vivir. Por el contrario, si soñamos que somos ancianos, es señal de que atravesamos una etapa de pesimismo y letargo.

L

Laberinto: El laberinto simboliza el inconsciente y evidencia tanto la falta de decisión como la tendencia a crear problemas innecesarios. Por ello, este sueño siempre refleja o presagia dificultades, aunque si salimos del laberinto significa que sabremos encontrar una solución. Si alguien nos acompaña, deberemos vigilar nuestras alianzas y negocios, ya que nos intentarán engañar.

Ladrillo: Soñar con ladrillos puede expresar el deseo de construir un espacio propio, seguro y estable. Asimismo, también puede sugerir que necesitamos reestructurar algún aspecto de nosotros mismos.

Ladrón: Cuando vemos robar en los sueños, significa que tememos perder nuestras posesiones. Si los ladrones somos nosotros, significa que nos estamos adueñando de bienes, sentimientos u honores que no nos pertenecen. (Ver *caza* y *red*).

Lago: Este sueño refleja el inconsciente y las emociones. Cuando su superficie está tranquila, indica que disfrutamos de equilibrio interior. Si sus aguas están turbias o agitadas, es señal de problemas afectivos. Si la vegetación cubre las orillas, es indicio de riqueza interior, creatividad y satisfacción afectiva, pero si son áridas y pedregosas, revelan desolación y pobreza sentimental. (Ver *agua*, *arroyo* y *fuente*).

Lámpara: Las lámparas encarnan los estudios y el conocimiento. Si dan mucha luz, significa que estamos aprovechando nuestra energía y creatividad. No obstante, si la luz es débil o vacilante, revela que estamos desaprovechando nuestros recursos. (Ver *luz*).

Lana: En general, augura felicidad y tranquilidad.

Látigo: Soñar con latigazos es una advertencia de que alguien podría sentirse herido por nuestras palabras. (Ver *flagelación* y *golpes*).

Laurel: Simboliza la victoria, ya sea económica o espiritual. (Ver *corona*).

Lavar: Evidencia la necesidad de eliminar ciertos aspectos de nuestra personalidad. Si nos lavamos las manos, se trata de sentimientos de culpa. (Ver *agua* y *jabón*).

Lechuza: Ver *búho*.

Leer: Leer en sueños refleja el deseo de conocer los secretos, intenciones o pensamientos de los demás. (Ver *biblioteca* y *hallazgo*).

Lengua: Soñar que tenemos la lengua larga revela que hablamos demasiado y sin conocimiento de causa; si nos la mordemos, falta de consideración hacia los demás; si nos tiran de ella, indiscreción; si se traba, falta de coherencia en nuestras actitudes. Soñar que nos cortan la lengua refleja un sentimiento de impotencia (Ver *hablar* y *voz*).

León: Soñar con una familia de leones augura alegría y buenas relaciones familiares. Si vemos un solo león, significa que alguien poderoso nos protegerá; si el león nos amenaza, seremos víctima de nuestros propios instintos y pasiones. (Ver *autoridad*, *domar* y *fuego*).

Libertad: Soñar con la libertad evidencia un exceso de responsabilidades, así como inseguridad ante las decisiones importantes.

Libros: Soñar con un libro cerrado revela la existencia de un secreto del pasado que deseamos mantener oculto. Si aparecen muchos libros polvorientos encima de una mesa o en el suelo, significa que deberíamos buscar en el pasado las soluciones para los problemas presentes. El título y el argumento del libro pueden ayudar a interpretar el sueño. (Ver *biblioteca* y *leer*).

Liebre: Ver *conejo*.

Limón: Este sueño insta a aprender de las experiencias amargas para avanzar.

Linterna: Ver *lámpara* y *luz*.

Llamada: Los sueños en los que alguien nos llama (aunque no consigamos ver quién es) nos advierten de un acontecimiento o situación cercana que requiere nuestra atención inmediata.

Llanura: Este sueño augura riqueza, liberación y felicidad.

Llave: Simboliza tanto la represión como la liberación en todos los planos de la conciencia. Soñar que abrimos una puerta con una llave anuncia la resolución de nuestros problemas y el inicio de una nueva etapa. Un gran manojo de llaves revela que dispondremos de muchos recursos y oportunidades. Si tenemos dificultades para girar la llave en su cerradura, es señal de que tendremos que superar algún obstáculo para alcanzar nuestros propósitos. Por último, si se rompe, no lograremos lo que deseamos.

Llorar: Las lágrimas simbolizan la fecundidad y la lluvia, así como las emociones profundas. Por ello, soñar que lloramos augura felicidad y alegrías inesperadas. (Ver *fuente*).

Lluvia: Encarna la purificación, la fertilidad y la riqueza, por lo que siempre presagia el fin de una situación o problema. Una lluvia lenta y constante augura un gran beneficio que aún tardará en llegar. Si es un aguacero, deberemos superar algunos obstáculos para alcanzar nuestras metas. (Ver *agua*).

Lobo: La presencia de un lobo en los sueños es una advertencia para que desconfiemos de las personas que nos rodean, ya que alguien nos traicionará. Si nos amenaza o ataca toda una manada, significa que nuestros instintos y emociones reprimidas intentan salir a la luz.

Loro: Augura que pronto seremos víctimas de rumores y calumnias. (Ver *lengua*).

Lotería: Ver *juego*.

Lucha: Ver *guerra*.

Luciérnaga: Simboliza la luz que existe hasta en el ser más pequeño. Por ello, este sueño augura pequeños logros y satisfacciones espirituales.

Luna: Soñar con la luna nueva es indicio de que está despertando en nosotros un nuevo amor; si la luna está en cuarto creciente, es un amor ardiente; si es luna llena, un amor culminado; en cuarto menguante, la pasión se extingue. (Ver *blanco*, *eclipse* y *guadaña*).

Luz: Simboliza el conocimiento, la inspiración y la intuición. Por ello, si los sueños son luminosos, significa que la persona posee mucha confianza en sí misma, y si son oscuros, revelan sentimientos de inferioridad e inseguridad. Si encendemos una luz en medio de la oscuridad quiere decir que conoceremos algún secreto oculto. (Ver *amarillo* y *lámpara*).

m

Madera: Soñar con ramas secas refleja una personalidad diluida y presagia enfermedades. Transportar las ramas a hombros augura esfuerzos y penalidades que darán pocos frutos. Por el contrario, la madera cortada augura riquezas y satisfacciones.

Madre: Soñar con una madre bondadosa augura el inicio de una etapa de plenitud y riqueza, pero si es despótica y cruel, indica que no somos fieles a nuestros propios principios. (Ver *abrigo, agua, blanco, fuente, incesto* y *luna*).

Maestro: Un maestro de escuela severo y riguroso refleja falta de seguridad y un cierto complejo de inferioridad. En cambio, si su presencia inspira respeto y admiración, significa que nos encontramos en una etapa de plenitud y madurez. (Ver *antepasados* y *autoridad*).

Magia: La magia encarna las fuerzas inconscientes. Este sueño indica que hemos llegado al límite de nuestras posibilidades racionales para solucionar un problema que nos preocupa.

Maleta: Ver *armario* y *equipaje*.

Manantial: Ver *fuente*.

Manchas: Evidencian un sentimiento de culpabilidad. (Ver *autoridad, barro, deformidad* y *espejo*).

Manos: La mano derecha simboliza lo racional, lógico y analítico, mientras que la izquierda es lo irracional, emocional e impulsivo (para los zurdos se invierte el significado). (Ver *dedos* y *guantes*).

Mantel: Un mantel limpio y planchado sobre una mesa augura bienestar y prosperidad, aunque también revela un exceso de protección. Si está manchado o arrugado indica problemas domésticos. Si está tendido al sol, anuncia el final de una época de crisis.

Manzana: Morder una manzana revela el deseo de disfrutar de los placeres terrenales. Si es sabrosa indica satisfacción afectiva; si está verde, dificultades; si está podrida o tiene gusanos, frustraciones y desengaños.

Mañana: Ver *amanecer*.

Mapa: Este sueño indica que hemos perdido el rumbo en nuestra vida. Es una invitación a meditar el rumbo que debemos tomar.

Maquillaje: Soñar con personas maquilladas es indicio de amistades falsas. Si somos nosotros los que nos acicalamos, significa que tendremos que ocultar nuestros verdaderos pensamientos. (Ver *actor/actriz*).

Mar: Este sueño refleja nuestro estado mental. Un mar en calma indica tranquilidad; si está agitado, augura dificultades; si caemos, enfermedad o problemas causados por nuestros instintos o pasiones; si nos dejamos hundir, refleja una actitud pesimista ante la vida. (Ver *agua, ahogarse, azul, barco, lago, luna* y *madre*).

Mariposa: Soñar con mariposas revela superficialidad y ligereza; esto puede conducirnos al fracaso tanto en el amor como en los negocios. (Ver *gusano* y *metamorfosis*).

Mármol: En sueños, el mármol nos advierte que aunque la persona amada se muestre al principio indiferente, existen posibilidades de una relación sólida y duradera. También representa la lucha en solitario.

Martillo: Nos advierte que sólo obtendremos el éxito por medio del esfuerzo y el sacrificio.

Máscara: Ver *actor/actriz, casco* y *maquillaje*.

Matar: Ver *asesinar*.

Matrimonio: Simboliza el equilibrio entre nuestra polaridad masculina y femenina. Este sueño puede revelar conflictos internos que repercuten en la personalidad.

Medianoche: Su presencia en nuestros sueños indica que aunque la situación actual sea negativa, saldremos de ella en breve.

Médico: Este sueño puede significar que pronto recibiremos la ayuda y protección de alguien.

Mediodía: Este sueño revela que nos hallamos en un momento de plenitud personal que nos permitirá lograr nuestros propósitos.

Mendigo: Soñar con mendigos augura el inicio de una etapa de dificultades económicas. También puede indicar que estamos descuidando algún aspecto importante de nuestra personalidad.

Mercado: Este sueño simboliza las cosas superfluas que pueden distraernos de nuestros verdaderos propósitos. (Ver *harén* y *laberinto*).

Mesa: La posición que ocupemos en la mesa nos indicará cuál es nuestro lugar en el núcleo familiar o en la empresa. Si la mesa está llena de manjares, el sueño augura prosperidad; si está vacía, problemas domésticos. Una mesa volcada es señal de mala suerte. (Ver *mantel*).

Metamorfosis: Simboliza la transformación espiritual de la persona. (Ver *gusano* y *mariposa*).

Miedo: Pone de manifiesto un estado de ansiedad, preocupaciones e inseguridad. Deberíamos analizar los acontecimientos de los últimos días, ya que el sueño podría reflejar algún suceso, imagen o lectura que haya quedado grabado en el inconsciente. (Ver *abismo*, *accidente*, *diablo* e *infierno*).

Miel: Este sueño augura una etapa de felicidad, riqueza e incluso placer erótico.

Mono: Soñar con monos significa que no nos estamos tomando la vida en serio. Tal vez estemos primando la apariencia en detrimento del fondo de las cosas.

Montaña: Simboliza tanto los deseos de elevación y superación, como la presencia de obstáculos y dificultades en el camino. (Ver *colina, dificultad* y *escalar*).

Motocicleta: Ver *coche* y *bicicleta*.

Mudanza: Anuncia un cambio en la vida de la persona que sueña. Los objetos que se trasladan pueden aportar información sobre cómo será esta transformación.

Muebles: Cada mueble posee una función y significado, por lo que se deberán interpretar por separado. (Ver *cabaña, cama, casa, estantes, hotel* y *mesa*).

Muérdago: Esta planta augura regeneración, fortaleza, bienestar y salud.

Muerte: Soñar con la muerte sugiere el final de una etapa, empresa, circunstancia o relación y el inicio de algo nuevo, pues toda muerte conlleva un renacer. (Ver *accidente, ahogarse, asesinar, guadaña* y *luna*).

Mujer: Para un hombre, soñar con una mujer puede ser la expresión de un deseo sexual, o bien encarnar la figura de la madre. Para una mujer, este sueño puede reflejar la imagen que desearía tener ante los demás. (Ver *madre*).

Muletas: Ver *bastón*.

Muñecas: Este sueño revela aspectos inmaduros de la personalidad del sujeto, así como cierta nostalgia por el pasado. (Ver *juego*).

Muralla: Ver *castillo*.

Música: Si en el sueño aparece música melódica y armónica, indica tranquilidad; si es estridente, refleja el caos; y si es un fondo confuso o inquietante, revela angustia e inseguridad.

n

Nacimiento: Augura el inicio de algo nuevo, ya sea una amistad, un trabajo, un proyecto o un negocio. (Ver *amanecer* y *muerte*).

Nadar: Simboliza nuestra capacidad para desenvolvernos con soltura en el mundo de las emociones. Por lo tanto, este sueño augura éxito cualesquiera que sean los propósitos. (Ver *agua* y *ahogarse*).

Naranja: La presencia de un naranjo en los sueños presagia amor y matrimonio. Asimismo, la fruta anuncia que los proyectos, ideas, o relaciones afectivas pronto darán sus frutos.

Narciso: Simboliza tanto la vanidad y el egocentrismo como la renovación y la fecundidad.

Nariz: Si en nuestros sueños nos vemos con una nariz desmesuradamente grande significa que tenemos tendencia a hablar demasiado de cosas que desconocemos. Si es muy pequeña o no es la nuestra quiere decir que nos sentimos inseguros y vulnerables.

Naufragio: Ver *agua, ahogarse* y *barco*.

Negro: Cuando este color predomina en los sueños indica que la persona pasa por una etapa de pesimismo y desconcierto. (Ver *desierto, medianoche* y *muerte*).

Nenúfar: Representa la fuerza vital que emerge de los estanques. Anuncia cambios positivos en las emociones o en las relaciones afectivas.

Nevera: Ver *estantes* y *frío*.

Nido: Si está vacío, refleja soledad y proyectos frustrados, pero si en él vemos a los progenitores o a los polluelos, es señal de felicidad y bienestar. Un nido de víboras revela el temor a ser traicionado. (Ver *casa, dedo, madre* y *mujer*).

Niebla. Ver *gris*.

Nieve: Ver *blanco, frío* y *hielo*.

Noche: Este sueño presagia engaños, pérdidas económicas y peligros de todas clases. (Ver *medianoche* y *negro*).

Norte: Simboliza el rumbo, la orientación y todo lo que da sentido a la vida. Sin embargo, también representa el frío y la oscuridad, pues es el punto cardinal por el que nunca pasa el sol. (Ver *cruz, frío* y *orientación*).

Nubes: Las nubes en los sueños reflejan el estado de ánimo de la persona. (Ver *dificultades, gris* y *sol*).

Nudo: Ver *entrelazar*.

Números: Encarnan el cálculo, el orden y la exactitud. Aunque su simbología puede ser muy amplia, tienen un significado general. **1:** necesidad de despertar; **2:** debemos comunicarnos más con nuestros seres queridos; **3:** augura una época de sacrificios; **4:** abundancia; **5:** matrimonio; **6:** simboliza la justicia; **7:** estamos ante un proyecto muy positivo; **8:** equilibrio; **9:** logros. (Ver *dados*).

O

Oasis: Soñar que atravesamos un desierto y vemos un oasis a lo lejos significa que se aproxima el fin de nuestros problemas. Si nos alejamos de éste quiere decir que sólo podremos contar con nosotros mismos para solucionar las dificultades que se avecinan. (Ver *agua* y *desierto*).

Ocas: Ver ocas volando augura visitas o noticias de seres queridos; si nadan o vuelan en pareja, anuncian felicidad conyugal; pero si las oímos graznar, es señal de que se aproxima un peligro.

Oeste: Encarna el descanso y la caída de la tarde. Anuncia paz y tranquilidad. (Ver *cruz*).

Ojos: Un solo ojo simboliza la necesidad de conocer la verdad. Soñar que estamos ciegos o con los ojos vendados revela inseguridad y desconfianza. Si en el sueño acudimos al oculista, significa que estamos buscando nuevas perspectivas. (Ver *gafas*).

Olas: Dejarse llevar por las olas revela una actitud pasiva ante las circunstancias. Si soñamos que caminamos sobre ellas es señal de que podremos salvar los obstáculos que nos separan de la meta. (Ver *agua*, *lago* y *mar*).

Olivo: Simboliza la paz, la fuerza, la victoria y la fecundidad. (Ver *aceite*).

Orejas: Si vemos una gran oreja en sueños significa que tendríamos que escucharnos más a nosotros mismos. Si son dos, deberíamos intentar entender las razones ajenas.

Orgías: Este sueño revela la existencia de insatisfacciones sexuales.

Orinar: En la mayoría de los casos, este sueño se debe a una necesidad fisiológica real.

Oro: Simboliza la luz, el conocimiento y la riqueza espiritual. Augura bienestar y provecho. (Ver *dinero* y *joyas*).

Ortigas: Encarnan la traición, la crueldad y la lujuria.

Orugas: Ver *gusano*.

Ostras: Ver *caparazón* y *perla*.

Otoño: Simboliza la evolución de las estaciones que conducen a la vejez y la muerte. Este sueño insta a aprovechar los conocimientos y experiencias pasadas para solucionar los problemas del presente.

Oveja: Ver *cordero*.

P

Padre: El padre representa –en contraposición a la madre– los mandamientos y prohibiciones, la tradición, la competición, el gobierno y las restricciones. En la adolescencia son muy frecuentes los sueños en los que aparece la figura paterna como símbolo de hostilidad y conflictos. (Ver *águila, autoridad, espada, fuego, luz* y *maestro*).

Paisaje: Los paisajes de los sueños son escenarios simbólicos que revelan el estado de ánimo del sujeto. Para su interpretación deben considerarse todos y cada uno de los elementos que lo conforman.

Pájaros: Si soñamos con una bandada de pájaros, significa que tendremos la oportunidad de alcanzar nuestros objetivos. No obstante, también puede indicar que intentamos abarcar demasiadas cosas a la vez. (Ver *alas*).

Paloma: Encarna la paz, la ternura, el amor, la fidelidad y la esperanza. Su presencia en nuestros sueños augura felicidad en nuestras relaciones amorosas. Si vuelan, recibiremos noticias de un ser querido.

Pan: Suele augurar éxito y una subida de estatus o salario. No obstante, soñar con migas de pan suele augurar pobreza y privaciones.

Pantalones: Soñar que alguien se pone nuestros pantalones implica que tememos que esa persona usurpe nuestra posición o autoridad. Comprar pantalones nuevos es señal de que deseamos obtener más poder; si están rotos, indica que nuestros proyectos tienen fallos; perderlos revela temor a las opiniones ajenas.

Papel: Si en nuestros sueños vemos muchos papeles escritos sin orden entre sí significa que atravesamos una etapa de inquietud. Si son papeles que se lleva el viento, indica que nuestras esperanzas no tienen fundamento; si están mojados, auguran pérdida de prestigio. (Ver *biblioteca* y *leer*).

Paraguas: Significa que queremos eludir nuestras responsabilidades, dado que la lluvia a menudo simboliza las dificultades de la vida. También puede anunciar que se avecinan problemas en nuestras relaciones personales. (Ver *lluvia*).

Paraíso: Soñar con el paraíso refleja el deseo de una vida fácil y sin responsabilidades. Es signo de evasión e inmadurez. (Ver *isla* y *jardín*).

Patinar: Ver *acróbata*.

P

Pavo real: Representa ante todo la vanidad y la fragilidad de las apariencias.

Peces: Simbolizan aquellos aspectos de nuestro inconsciente que emergen a la conciencia. Soñar que intentamos capturarlos con las manos y se nos escapan refleja frustraciones emocionales. Si están muertos o nadan lentamente en solitario, el sueño augura desengaños y soledad. (Ver *agua* y *nadar*).

Película: Soñar con escenas de una película es una manera más de representar nuestra situación actual. En este caso, debe interpretarse como cualquier otro sueño. En cambio, si estamos en el rodaje de una película, nuestra función (director, guionista, técnico, actor, espectador, etc.) revelará el grado de control que tenemos sobre nuestra vida. (Ver *teatro*).

Pelo: Ver *barba*, *bigote* y *cabello*.

Pelota: Ver *juego*.

Pensamiento: La presencia de esta flor en un sueño indica que alguien se acuerda de nosotros.

Peregrino: Simboliza la búsqueda, la expiación y la purificación. Para interpretar este sueño es importante la finalidad del peregrinaje y el lugar en el que se realiza. (Ver *bastón*, *cruz*, *encrucijada* y *orientación*).

Periódico: Suele presagiar malas noticias, excepto si nos vemos leyendo los anuncios, en cuyo caso revela el deseo de cambiar algún aspecto de nuestra vida. (Ver *carta, hallazgo, leer* y *papel*).

Perla: Cuando forma parte de joyas o collares indica logros materiales y superficialidad. Si en el sueño se rompe el collar, significa que se avecinan desgracias. (Ver *joyas, luna* y *mujer*).

Perro: Si soñamos con un perro amistoso, significa que somos fieles a nuestros objetivos o ideales. Por el contrario, un perro amenazador indica que estamos traicionando nuestros principios, por lo que podemos perder amistades.

Pescar: Esta acción encarna el deseo de recuperar los contenidos psíquicos del inconsciente (es decir, los peces). Por ello, la significación de este sueño reside en lo que pescamos, es decir: los aspectos negativos o positivos de nuestro Yo profundo. (Ver *lago, peces* y *red*).

Piedra: En los sueños, suele apuntar a problemas y obstáculos. Por su parte, las piedras preciosas simbolizan la transformación de lo opaco en transparente. (Ver *cristal, diamante, joyas* y *mármol*).

Piernas: Si soñamos que nos faltan las piernas significa que no disponemos de los recursos o conocimientos necesarios para llevar a cabo nuestros objetivos. (Ver *accidente, andar* e *inmovilizar*).

Pies: Representan la seguridad y la estabilidad. Soñar que nos amputan uno o ambos pies augura que alguien inten-

P

tará sabotear nuestros planes, pero también puede revelar una tendencia a apartarnos de la realidad. (Ver *amputación*, *cruz*, *orientación* y *zapatos*).

Pino: Representa la longevidad. En cambio, el abeto simboliza la amistad verdadera

Plantas: Son un símbolo del renacimiento y el flujo de energía vital. En los sueños, suelen reflejar nuestras emociones.

Plata: Su presencia en los sueños es positiva. Sin embargo, cuando está ennegrecida augura graves pérdidas. (Ver *agua*, *blanco*, *desnudez*, *dinero* y *mujer*).

Policía: Soñar con un agente del orden revela nuestra inseguridad y dependencia. Si nos detiene, evidencia la existencia de un sentimiento de culpabilidad.

Primavera: Este sueño augura el inicio de una nueva etapa, un renacer de las ilusiones, la alegría y el optimismo en general. (Ver *flores* y *plantas*).

Príncipe: Es un sueño muy frecuente en la juventud, y muestra las ambiciones y aspiraciones que aún no están culminadas.

Procesión: Ver *calle*, *círculo* y *peregrino*.

Proceso: Ver *acusar* y *justicia*.

Puente: En los sueños, el puente refleja la solución a nuestros problemas actuales. Por lo tanto, si no nos decidimos a cruzarlo, indica que la situación empeorará debido a nuestra falta de seguridad. (Ver *juego*).

Puerta: Al igual que el *puente*, es un lugar de paso. Este tipo de sueño suele producirse cuando atravesamos una crisis o en vísperas de grandes cambios. Soñar con una puerta abierta augura el final de los problemas, pero si la puerta es muy estrecha o baja indicará que dicha solución no será fácil. (Ver *cerradura* y *umbral*).

Puerto: Es el principio o el final de un viaje y, por tanto, el nacimiento y la muerte. Llegar a un puerto indica el final feliz de una etapa o relación. Si sólo lo contemplamos, significa que los proyectos aún tardarán en realizarse. (Ver *barco, mar, muerte* y *nacimiento*).

Púrpura: Este color denota dignidad, triunfo, honores y felicidad amorosa.

q

Quemaduras: Auguran mala salud o sentimientos de culpabilidad y rencor. También pueden indicar que poseemos muchos recursos y energía creativa, pero que no sabemos utilizarlos. (Ver *fuego*).
Queja: Este sueño augura problemas afectivos y económicos.
Queso: Simboliza la transformación de los sentimientos en realidades sólidas.
Quiebra: Soñar que nos declaramos en quiebra es, contrariamente a lo que pueda parecer, un buen augurio: experimentaremos avances tanto en el terreno económico como en el sentimental.
Quimera: La quimera es un animal mitológico con cabeza de león, cuerpo de cabra y cola de dragón que seduce y atrapa a todo aquel que cae bajo su poder. Este sueño advierte que no hay que confiar excesivamente en las fantasías. (Ver *hadas*).

r

Rama: Soñar con ramas en flor augura la llegada de un período positivo, aunque si están verdes, no debemos precipitarnos al tomar decisiones. Las ramas secas indican pérdida de energía física; si están cortadas, es señal de que hemos olvidado nuestros principales objetivos.

Rana: Si se la oye croar, existe peligro de rumores y habladurías. Verla saltar refleja nuestra capacidad de adaptarnos a los cambios y luchar contra el estancamiento. (Ver *accidente, agua* y *aire*).

Ratas: En los sueños representan aquellos aspectos de nuestra personalidad que deseamos ocultar. (Ver *infierno*).

Rayo: Simboliza un cambio radical en nuestra vida que puede ser positivo o negativo. Asimismo, denota temor al fracaso. (Ver *accidente*).

Rebaño: Augura armonía y riqueza material. (Ver *cordero* y *ganado*).

Red: Si caemos en una red, significa que nos sentimos atrapados por nuestras relaciones afectivas o laborales. Si la red está llena de peces, debemos tener paciencia para recoger los frutos de nuestro trabajo. Por el contrario, si está vacía, implica que estamos atravesando circunstancias adversas. (Ver *caza, ladrón, peces* y *pescar*).
Relámpago: Ver *luz, lluvia* y *rayo*.
Reloj: Ver en sueños un reloj parado es un mal augurio. Si está atrasado, es un aviso para que aceleremos nuestra marcha, pero si está adelantado, significará que debemos tomarnos las cosas con más calma. (Ver *fecha*).
Reptiles: Simbolizan nuestros aspectos más primitivos. Si un reptil nos devora, indica que los instintos se están apoderando de nuestra personalidad.
Resbalar: Este sueño denota inseguridad, miedo o angustia. (Ver *abismo* y *patinar*).
Rescatar: Indica la conveniencia de realizar un esfuerzo extraordinario para resolver una situación difícil.
Retrato: Ver *cuadro, espejo* y *fotografías*.
Retrete: Refleja la necesidad de desprendernos de algo dañino o perjudicial, ya sea un sentimiento de culpa, una represión o un trauma. (Ver, *bañera, excrementos, jabón* y *orinar*).
Rezar: Suele señalar la presencia de un sentimiento de culpa, aunque también puede invocar la necesidad de ayuda externa.

Reyes: Simbolizan las figuras de la madre y el padre elevados a su máxima dignidad, autoridad y poder. Pone de manifiesto una etapa de creatividad, fuerza e independencia. (Ver *águila, león, madre, padre* y *oro*).

Riendas: Simbolizan la relación entre la inteligencia y la voluntad y, por ello, la posibilidad de dirigir las fuerzas y recursos. Soñar que se rompen es un presagio nefasto, ya que indica la pérdida del equilibrio interior. (Ver *carro*).

Río: Ver *arroyo*.

Robar: Ver *ladrón* y *red*.

Roble: Simboliza el poder y la fortaleza. Su presencia en nuestros sueños indica que poseemos una gran energía interior, seguridad y fuerza que nos conducirán sin duda al éxito. Sin embargo, soñar que está seco, muerto o sin follaje, anuncia la pérdida de un protector o un debilitamiento de nuestro carácter.

Rocío: Presagia suerte, fecundidad y riqueza espiritual. Puede ser incluso un signo de bendición divina. (Ver *agua, amanecer* y *blanco*).

Roedores: Ver *conejo* y *ratas*.

Rojo: Es el color de la sangre, el fuego, la pasión, la guerra y los instintos sexuales. El rojo presagia una acción inmediata y decidida.

Ropa: El color y el tipo de prenda transmiten el sentido del sueño. La ropa de colores muy vivos evidencia inseguridad. (Ver *camisa, desgarrar, desnudez, harapos, maquillaje* y *pantalones*).

Rosa: Soñar que alguien nos regala una rosa indica que atravesamos un momento de plenitud afectiva. Sin embargo, si nos pinchamos con sus espinas, es señal de inseguridad en las relaciones sexuales. Por otra parte, el color rosa simboliza el amor puro y desinteresado.

Rubí: Es la piedra de la felicidad, de la intensidad vita y del amor.

Rueda: Ver *autobús, coche* y *círculo*.

Ruinas: Su significado es casi literal, pues simboliza todos aquellos sentimientos o ideas del pasado que han perdido su vigencia. No obstante, si soñamos en un monumento, templo o ciudad de la antigüedad en perfecto estado, quiere decir que nuestros proyectos tendrán éxito. (Ver *abandonar, frío, muerte* y *piedra*).

S

Sabio: Ver *maestro*.

Sal: En general, denota falta de emociones e ilusiones y estancamiento vital. Sin embargo, soñar que ofrecemos o recibimos sal augura una sólida amistad o alianza. (Ver *acumular*, *desierto* y *frío*).

Saltamontes: Si aparecen en grandes cantidades, anuncian pérdidas económicas, morales o espirituales.

Saltar: Soñar que saltamos al vacío indica que nos estamos entregando demasiado a los riesgos. Sin embargo, si saltamos hacia arriba significa que lograremos superarnos, ya sea en el ámbito profesional o personal. (Ver *dificultades* y *escalar*).

Sangre: La sangre pone de manifiesto un cambio profundo en la personalidad del soñador. (Ver *rojo*).

Sapo: Este sueño tiene el mismo significado que el de rana, pero sólo en sus aspectos negativos.

Sauce: Es el símbolo por excelencia de la tristeza, aunque también de la inmortalidad.

Sed: Puede responder a una necesidad real, sobre todo en los estados febriles. De lo contrario, simboliza un anhelo espiritual, incluso místico. (Ver *agua* y *comer*).

Sello: Soñar con sellos de correos revela falsa modestia, soberbia y egoísmo. Si es un sello que se imprime sobre cera, plomo o lacre, sugiere autoridad y legitimación. (Ver *autoridad* y *carta*).

Semillas: Simbolizan el potencial de la vida, los proyectos y la creatividad. Este sueño augura el buen desarrollo de cualquier empresa que requiera creatividad. (Ver *germinar* y *plantas*).

Senos: Este sueño revela una necesidad afectiva y un deseo de volver a la seguridad de la infancia. Para una mujer, puede augurar un embarazo; para un niño, protección y seguridad; para un hombre, relaciones amorosas satisfactorias. (Ver *bebé*, *madre* y *mujer*).

Serpiente: Simboliza el poder, la curación y la sabiduría. Por ello, ver una serpiente en sueños augura problemas, aunque también implica un aprendizaje a través de los mismos. (Ver *nido* y *reptiles*).

Sexo: Soñar que mantenemos relaciones sexuales con nuestra pareja o con alguien conocido suele revelar una atracción hacia dichas personas. Sin embargo, si se lleva a cabo con un desconocido, revela insatisfacción con uno mismo. (Otros significados relacionados son: *adulterio, amor, besar, harén* e *incesto*).

Silencio: Aunque no es un sueño muy frecuente, denota madurez emotiva y una gran paz interior.

Sirenas: Este sueño augura un posible desengaño amoroso. Asimismo, nos insta a concentrarnos en nuestras metas y seguirlas con firmeza.

Sol: Soñar con el sol naciente señala el inicio de una etapa de felicidad y prosperidad. No obstante, si está oculto entre las nubes augura tristeza y problemas inesperados. (Otros aspectos relacionados son: *amanecer, amarillo, estrellas, luz* y *oro*).

Soldado: Augura que pasaremos por dificultades.

Sombrero: Simboliza la apariencia, rango o posición social. Por ello, soñar que llevamos un sombrero ridículo refleja la existencia de alguna actitud nuestra que también es ridícula, chocante o grotesca. Por otra parte, un sombrero de copa denota presunción y pretensiones exageradas. (Ver *cabeza* y *maquillaje*).

Sótano: Es uno de los símbolos del inconsciente. Si es una bodega encarna lo jovial y la desinhibición. (Ver *casa* y *caverna*).

Subir: Ver *acera, ascensor, colina, escalar* y *saltar*.

Suciedad: Ver *barro* y *manchas*.

Sur: Representa la iluminación, el éxito y la gloria, pues es el punto cardinal en el que el sol alcanza su máximo esplendor. (Ver *cruz, encrucijada* y *orientación*).

t

Tarde: Ver *oeste*.

Tatuaje: Soñar que nos tatuamos refleja la necesidad acuciante de dar un cambio de rumbo a nuestra vida en busca de una posición más sólida. El dibujo del tatuaje nos indicará el grado de dependencia que tenemos respecto a aquello que representa.

Teatro: Ver una obra teatral sin participar en ella implica que tenemos una actitud pasiva ante la vida. Por el contrario, si estamos en el escenario significa que tendremos la posibilidad de participar. El argumento de la obra y nuestro papel en ella nos aportará una información muy valiosa sobre nuestra situación actual. Si el teatro está atestado, nos preocupa la opinión de los demás. (Ver *película*).

Tejado: Simboliza tanto la protección ante los agentes exteriores como una falta de apertura hacia los aspectos espirituales de la vida.

Teléfono: En general, representa la comunicación que mantenemos con nuestros seres queridos. Sin embargo, soñar que oímos el teléfono pero no lo descolgamos, implica que estamos desoyendo los avisos de nuestra conciencia. Si sentimos pánico hacia el mismo, significa que nos negamos a aceptar algún aspecto de nuestra personalidad.

Televisión: Ver *teatro* y *película*.

Terciopelo: Es símbolo de riqueza y sensualidad. Por ello, este sueño revela una necesidad afectiva. (Ver *piel*).

Ternero: Su interpretación irá en función de los contenidos que aparezcan. (Ver *bebé* y *cordero*).

Terremoto: Es un aviso de que debemos cambiar nuestra orientación, valores o proyectos con premura. (Ver *abismo*, *catástrofe* y *rescatar*).

Tienda de campaña: Ver *cabaña*, *montaña*, *playa* y *tejado*.

Tierra: Ver *madre*, *montaña* y *piedra*.

Tijeras: La presencia de unas tijeras en el sueño indica que debemos cortar o poner fin a una relación, actividad o aspecto de nosotros mismos. En ocasiones, también puede simbolizar el matrimonio. (Ver *matrimonio*).

Tilo: Representa la tranquilidad, la serenidad, la amistad y la ternura.

Timón: Ver *riendas*.

Tinta: Simboliza la prosperidad, pues nos permite escribir y enriquecer nuestro intelecto. Si nos manchamos, significa que surgirán dificultades imprevistas. (Ver *dificultades, manchas* y *papel*).

Títeres: La presencia de títeres es señal de que hemos perdido el control sobre nuestra vida. (Ver *muñeca*).

Torbellino: Ver *abismo, aire* y *huracán*.

Toro: Soñar con un toro bravo señala que pasamos por un momento de gran creatividad. Si nos persigue, significa que ya no podemos contener por más tiempo nuestros impulsos. (Ver *fuego* y *orgía*).

Tortuga: Representa la longevidad, la protección (pues se esconde dentro de sí misma) y la lentitud.

Trébol: Simboliza la trinidad, por lo que su presencia siempre es benéfica. En los sueños, augura la llegada de buena suerte y prosperidad.

Tren: Ver *autobús*.

Trigo: Augura riqueza, así como la culminación de nuestros proyectos.

Tumba: Si vemos dentro de una tumba a un amigo o a nosotros mismos, es señal de que hemos emprendido un cambio personal importante. Por tanto, este sueño anuncia una transformación radical en nuestra vida. (Ver *cementerio*).

Túnel: Ver *luz, negro* y *puente*.

Túnica: Representa la personalidad, por lo que deberemos analizar su color, textura y si está limpia o descuidada. (Ver *mancha, manto* y *ropa*).

u

Umbral: Cruzar un umbral agura que se avecina una situación o acontecimiento importante. Debemos reflexionar con calma antes de tomar una decisión, pues una vez hayamos dado el paso no podremos volver atrás. (Ver *cerradura* y *puerta*).
Uniforme: Ver *ejército* y *ropa*.
Urraca: Este sueño presagia robos, envidias y rumores, que son las características que simboliza éste pájaro de mal agüero.
Uñas: Si soñamos que nos cortamos las uñas, significa que vamos a pasar por dificultades familiares o profesionales.
Uvas: Soñar que aplastamos uvas para hacer vino presagia un periodo de abundancia y bienestar económico. Si las comemos, significa que queremos adelantarnos a los acontecimientos. Si las uvas están secas, hemos dejado pasar una oportunidad para nuestros proyectos o negocios.

V

Vaca: Tal como aparece en el pasaje bíblico, soñar con vacas gordas augura riqueza, mientras que si están delgadas y débiles es indicio de pérdidas y pobreza. Si está paciendo, deberemos colmarnos de paciencia, pues los beneficios aún se harán esperar.

Vagabundo: Vernos en un sueño como vagabundos significa que deseamos huir de la realidad y eludir nuestras responsabilidades.

Valle: Este sueño anuncia la llegada de un período de prosperidad y felicidad.

Vampiro: Soñar que nos ataca un vampiro significa que alguien cercano intenta aprovecharse de nosotros. No obstante, si somos nosotros los vampiros, es señal de que nos dejamos llevar excesivamente por los instintos. (Ver *medianoche*, *miedo* y *murciélago*).

Vejez: Ver *antepasados*, *juventud* y *otoño*.

Vela: Ver *fuego, lámpara* y *luz*.
Velo: Es una invitación al conocimiento, dado que sirve para ocultar el rostro pero sugiere aquello que se oculta. En la mujer también denota juego erótico y seducción.
Venda: Este sueño sugiere que estamos ciegos ante las circunstancias que nos rodean, lo que nos puede causar desengaños económicos y afectivos.
Ventana: La ventana constituye una apertura al mundo exterior y, por tanto, lo que vemos a través de ella simboliza nuestro futuro. Así, un paisaje agradable y luminoso revela que tendremos la energía y motivación necesarias para llevar a cabo nuestros proyectos. En cambio, si es oscuro, significa que nuestro futuro será incierto.
Verano: El verano simboliza la plenitud y la riqueza. Por lo tanto, este sueño augura que recogeremos en breve los frutos de nuestro trabajo.
Verde: Si soñamos que este color aparece en medio de un paisaje desierto, quiere decir que estamos atravesando una etapa estéril de la que pronto saldremos. Sin embargo, un exceso de verde en el sueño evidencia que nos estamos dejando llevar por los instintos. También puede expresar la necesidad de esperar a que las cosas maduren.
Vientre: Simboliza la maternidad y la necesidad protección. Soñar que tenemos el vientre hinchado indica que estamos desbordados por las responsabilidades.

Vino: Soñar que bebemos vino con moderación significa que anhelamos alcanzar un nivel espiritual superior. En cambio, si soñamos que estamos ebrios quiere decir que deseamos materializar a cualquier precio nuestras ambiciones de poder y de riqueza. (Ver *uvas*).

SUEÑOS DE VISITA

Los sueños especialmente vívidos en los que aparece algún familiar o amigo íntimo se denominan sueños de visita. En ocasiones, se trata incluso de personas ya fallecidas. Estos sueños hacen hincapié en el vínculo emocional con esa persona.

Violeta: Esta flor simboliza la modestia. El color violeta se relaciona con el otoño, el tránsito de la vida a la muerte, lo secreto y lo misterioso. (Ver los distintos *colores*).

Volar: En los sueños, la acción de volar implica un deseo latente de escapar de la realidad. (Ver *alas* y *pájaro*).

Volcán: Representa la eclosión de nuestras pasiones reprimidas. Dependiendo del contexto del sueño, esta erupción será positiva o negativa. (Ver *catástrofes* y *terremoto*).

Voz: Soñar que perdemos la voz refleja una falta de determinación y de seguridad en nosotros mismos. (Ver *gritar* y *llamada*).

Y

Yacimiento: Hallar en sueños un yacimiento de minerales anuncia rápidos beneficios, pero también peligros.

Yate: Soñar que navegamos en yate anuncia el comienzo de una nueva etapa afectiva o laboral. Debemos conservar todo nuestro aplomo y energía.

Yeso: Ver este material en el sueño pronostica la llegada de una etapa de penalidades. Si tenemos algún miembro escayolado, se avecina un grave peligro.

Yugo: Este sueño indica que nos hallamos atados por una circunstancia que nos obliga a permanecer en un lugar que no deseamos. Debemos explorar nuevas alternativas.

Yunque: Augura que todos nuestros esfuerzos merecerán la pena. Sólo si el yunque está roto peligrarán nuestros proyectos.

z

Zafiro: Por su color azul, esta piedra representa las emociones sublimes y la bondad. (Ver *azul*, *joyas* y *piedra*).

Zanja: Soñar con una zanja augura dificultades y peligros en los terrenos afectivo y profesional. Si la sorteamos, significa que sabremos resolver los problemas.

Zapatos: Los zapatos suelen indicar el deseo de posesiones de cualquier clase, aunque también pueden anunciar un viaje o el fin de una etapa, situación o relación. Las botas sugieren un dominio más físico, incluso agresivo. (Ver *pies*).

Zarzas: Anuncia dificultades y desavenencias con familiares y amigos.

Zoo: Este sueño expresa que tenemos el control de la situación. También augura fortuna en los juegos de azar.

Zorro: Nos advierte de un posible engaño o traición.

Acerca de los sueños

*Y al soñar vio una escalera que ascendía
desde la tierra y llegaba hasta el cielo:
y vio a los ángeles de Dios
subiendo y bajando por ella.*
GÉNESIS

*Cada edad tiene un sueño que muere
y un sueño que ve la luz.*
ARTHUR W. E. O'SHAUGHNESSY

*Los fanáticos tienen sueños
con los que tejen el paraíso de su secta.*
JOHN KEATS

*Una noche soñé que era una mariposa...
¿Quién soy en realidad? ¿Una mariposa que
soñaba que era Chuang Tzu o Chuang Tzu
imaginando que fue una mariposa?*

CHUANG TZU

*¿Qué harías si un día, durmiendo,
en tu sueño soñaras que ibas al cielo,
y allí recogías una extraña y bella flor?
¿Qué ocurriría si, entonces, al despertar
encontraras la flor en tu mano? ¿Qué harías?*

SAMUEL T. COLERIDGE

Haz de tu vida un sueño y de tu sueño una realidad.

SAINT-EXUPÉRY

Dijeron: hemos venido para que vuestra noche sea menos fría.

JEAN ZARADZKI

Estamos hechos del mismo tejido de nuestros sueños.

SHAKESPEARE

Acerca de los sueños

El hombre es un dios cuando sueña
y un mendigo cuando reflexiona.

HÖLDERLIN

Incluso cuando la tierra duerme,
nosotros viajamos.

KHALIL GIBRAN

Nada os es más propio que vuestros sueños.
Nada es más obra vuestra que ellos.
Materia, formas, duración, actores, espectadores,
en esas comedias, vosotros los sois todo.

FRIEDRICH NIETZCHE

El sueño es la hora en que las cárceles y
los pensionados son menos tristes.

ANÓNIMO

La noche remonta la memoria.

DANUSZA BYTNIEWSKY

Los sueños son los juegos clandestinos del espíritu.

ARTHUR KOESTLER

*La naturaleza se sirve de la imaginación
humana para continuar,
a un nivel más elevado, su trabajo de creación.*

Luigi Pirandello

Nada es real.

John Lennon

La vida es un sueño del que me despertará la muerte.

Jean Cocteau

Un sueño es una breve locura, y la locura un largo sueño.

Arthur Schopenhauer

*Cuanto más aprendemos a hacer consciente lo inconsciente,
mayor es el caudal de vida que integramos.*

Carl Gustav Jung

El sueño es el futuro del hombre.

Louis Aragon

Es cuando duermo que veo claro.

Josep Vicenç Foix

Acerca de los sueños

El sueño es un arte poético involuntario.

IMMANUEL KANT

Cada noche morimos;
cada mañana nacemos de nuevo.
Cada día, una vida.

EDWARD YOUNG

Que toda la vida es sueño,
y los sueños, sueños son.

CALDERÓN DE LA BARCA

Todo lo que una persona pueda imaginar,
otras lo harán realidad.

JULES VERNE

Bibliografía

Ackroid, Eric, *A Dictionary of Dream Symbols*, Vista, London, 1997.

Daniel, Sophia, *Dream Healing*, Element, Shaftesbury, 1999.

Delaney, Gayle, *El mensaje de los sueños sexuales*, Robin Book, Barcelona, 1995.

Hearne, Keith y David Melbourne, *Understanding Dreams*, New Holland, London, 1999.

Heyneman, Nicholas, *How Dreams can enrich your Relationships*, Duncan Baird, London, 1999.

López Benedi, J.A., *Cómo interpretar los sueños*, Ediciones Obelisco, Barcelona, 1993.

Reid, Lori, *The Dream Catcher*, Element, Shaftesbury, 1997.

Otros Títulos Publicados

Colección Esencial

Feng Shui para el amor
El Arte del masaje Tantra
El Tarot del Amor
Wicca
¿Somos compatibles?
Diccionario de sueños

Colección Armonía

101 caminos para la serenidad
60 maneras de cambiar tu vida

Libros para mejorar tu vida

OCEANO AMBAR